O MELHOR DO Rock Brasil
VOLUME III

Melodias e letras cifradas para guitarra, violão e teclados
Produzido por Luciano Alves e Silvio Essinger

14 BIS **Lulu Santos**
Raul Seixas **Biquini Cavadão**
Cássia Eller **Tokyo**
Caetano Veloso
Ed Motta **Lobão**
Charlie Brown Jr
Rita Lee **Blitz**
Cazuza **Celso Blues Boy**
Léo Jaime **Tim Maia**
Engenheiros do Hawaii
Gal Costa
Chico Science & Nação Zumbi
Erasmo Carlos **Djavan**
Eduardo Dusek
Ultraje a Rigor
O Rappa **Marina**
Camisa de Vênus
Gang 90 & Absurdettes

Nº Cat.: 302-A

Irmãos Vitale Editores Ltda.
vitale.com.br
Rua Raposo Tavares, 85 São Paulo SP
CEP: 04704-110 editora@vitale.com.br Tel.: 11 5081-9499

© Copyright 2003 by Irmãos Vitale Editores Ltda. - São Paulo - Rio de Janeiro - Brasil.
Todos os direitos autorais reservados para todos os países. *All rights reserved*.

CIP-BRASIL CATALOGAÇÃO-NA-FONTE
SINDICATO NACIONAL DOS EDITORES DE LIVROS, RJ

M469
v.3
    O melhor do rock Brasil, volume 3 : melodias cifradas para guitarra, violão e teclados / produzido por Luciano Alves e Silvio Essinger. -- São Paulo : Irmãos Vitale, 2002
       il., música ; . - (O melhor de)

ISBN 85-7407-160-9
ISBN 978-85-7407-160-2

1. Rock   2. Música para instrumentos de teclados.
3. Música para guitarra.   4. Música para violão. 5. Partituras.
I. Alves, Luciano, 1956.   II. Essinger, Silvio.   III. Série.

02-2166   CDD 786
                                          CDU 786

04.12.02 06.12.02   002285

CRÉDITOS

Produção geral e editoração de partituras
Luciano Alves

Seleção de repertório
Silvio Essinger

Transcrições das músicas
Flavio Mendes e Helvécio Parente

Revisão musical
Claudio Hodnik

Revisão de texto
Maria Helena Guimarães Pereira

Projeto gráfico e capa
Marcia Fialho

Gerente de projeto
Denise Borges

Produção executiva
Fernando Vitale

Sumário

Prefácio	5
Introdução	9
A cidade - CHICO SCIENCE E NAÇÃO ZUMBI	121
A cruz e a espada – RPM	36
A feira - O RAPPA	99
À francesa - MARINA	102
As sete vampiras - LÉO JAIME	38
Aumenta que isso aí é Rock'n roll - CELSO BLUES BOY	56
Betty frígida – BLITZ	23
Cantando no banheiro - EDUARDO DUSEK	51
Ciúme - ULTRAJE A RIGOR	17
Codinome Beija-Flor - CAZUZA	113
Como uma onda - LULU SANTOS	96
Corações pisicodélicos - LOBÃO	68
Doce vampiro - RITA LEE	119
ECT - CASSIA ELLER	74
Eu nao matei Joana D'Arc - CAMISA DE VENUS	110
Garota de Berlim - TOKYO	107
Gita - RAUL SEIXAS	84
Infinita highway - ENGENHEIROS DO HAWAII	76
Lilás - DJAVAN	125
Mania de você - RITA LEE	54
Manoel - ED MOTTA	93
Não identificado - CAETANO VELOSO	82
Nao quero dinheiro – TIM MAIA	48
No mundo da lua - BIQUINI CAVADÃO	105
Nós vamos invadir sua praia - ULTRAJE A RIGOR	62
Nosso louco amor - GANG 90 & ABSURDETTES	14
Onde você mora? - CIDADE NEGRA	88
Panis et circensis – MUTANTES	71
Pelados em Santos – MAMONAS ASSASSINAS	59
Pintura íntima - KID ABELHA	45
Planeta sonho - 14 BIS	32
Somos quem podemos ser - ENGENHEIROS DO HAWAII	30
Tempos modernos - LULU SANTOS	66
Top top - MUTANTES	20
Tropicália - CAETANO VELOSO	26
Tudo que ela gosta de escutar - CHARLIE BROWN JR.	90
Vapor barato - GAL COSTA	116
Vem quente que eu estou fervendo – ERASMO CARLOS	42
Você - TIM MAIA	11
Zoio de lula - CHARLIE BROWN JR.	127

14 BIS Lulu Santos
Raul Seixas   Biquini Cavadão
Cássia Eller Tokyo
Caetano Veloso
Ed Motta Lobão
Charlie Brown Jr
Rita Lee Blitz
Cazuza Celso Blues Boy
Tim Maia
Léo Jaime
Engenheiros do Hawai
Gal Costa
Chico Science & Nação Zumbi
Erasmo Carlos Djavan
Eduardo Dusek
Ultraje a Rigor
O Rappa Marina
Camisa de Vênus
Gang 90 & Absurdettes
Kid Abelha
Mamonas Assassinas
Cidade Negra
RPM Mutantes

Prefácio

"Se você quer brigar/ E acha que com isso estou sofrendo/ Se enganou meu bem/ Pode vir quente que eu estou fervendo." O rock não nasceu para ser educado, bom-moço, carola ou politicamente correto. O rock é contestação, barulho que incomoda os pais. Ele é a falta de decoro que vai contra os costumes. No Brasil, por sorte, não tem sido diferente do que na terra de Elvis Presley e na dos Rolling Stones. Basta fazer um apanhado de canções desde os primeiros tempos em que as guitarras aportaram no país.

Vem Quente Que Eu Estou Fervendo, pérola do rei da pilantragem Carlos Imperial e do Bom Eduardo Araújo, gravada no calor da Jovem Guarda por Erasmo Carlos (e duas décadas depois, ainda mais sacana, pelo Ultraje a Rigor), abre a cronologia desse terceiro volume de *O Melhor do Rock Brasil*. Ela mostra o quanto a subversão tem sido a regra nesse movimento, que entra em sua quarta década ainda produzindo ídolos comprometidos com a eletricidade, que provoca faísca, que provoca explosão. Bum!

E poucos eventos na música brasileira foram mais explosivos que a Tropicália, que marcou a história dos festivais da canção, com suas guitarras revoltantes, sua revolução do bom gosto e suas letras ofensivamente pop numa época de austero ativismo político. *Tropicália*, de Caetano Veloso, música-tema deste movimento ("Sobre a cabeça os aviões/ Sob os meus pés, os caminhões/ Aponta contra os chapadões, meu nariz"), comparece ao volume junto a outra criação do baiano na mesma época: *Não Identificado*, peça relida por Gal Costa, Lulu Santos e o RPM Paulo Ricardo.

Outra criação do Caetano tropicalista, *Panis et Circensis* (em parceria com Gilberto Gil), acabou nas mãos da grande banda do movimento, os paulistas Mutantes, que a gravaram com toda a irreverência possível (aplainada, anos mais tarde, na versão MPB de Marisa Monte). O grupo seria responsável também por um clássico da malcriação: *Top Top* (não à-toa, recuperada muito tempo depois por Cássia Eller). Mandando todo mundo se "top-top", a vocalista Rita Lee anunciava: "Eu vou sabotar/ Vou casar com ele/ Vou trepar... na escada/ Pra pintar seu nome no céu." Expulsa dos Mutantes, Rita saiu em carreira solo, fez sucesso no país inteiro e parecia até ter amansado... Mas que nada! É só ouvir suas baladas incluídas no volume, *Mania de Você* e *Doce Vampiro*, e pensar: com aquela carga de sexualidade à flor da pele, poderiam ser músicas tão inofensivas assim?

No pós-tropicalismo, quando Caetano e Gil estavam no exílio londrino, Gal Costa foi uma dentre vários artistas que seguiram no Brasil com o roteiro da provocação roqueira. No mítico show *Fa-Tal*, ela cantou, num voz-e-violão com altos decibéis de emoção, o hino da geração que ficou imprensada entre a guerrilha e o desbunde: *Vapor Barato* ("Eu não preciso de muito dinheiro/ Graças a Deus/ E não importa/ E não importa não"), de Jards Macalé e Waly Salomão, resgatada na década de 1990 em ritmo de reggae pelo Rappa. Junto com Gal, estava um de seus autores favoritos, o soulman Tim Maia, que entra no livro com a romântica *Você* (revalidada nos anos de 1980 pelos Paralamas do Sucesso) e *Não Quero Dinheiro*, esta falando dos embates entre o amor e os bens materiais - tema que não deixa de ser polêmico diante da oficialização da ganância na sociedade a partir os yuppies. Por fim, chegamos ao grande rebelde do rock na década de 1970, Raul Seixas, com *Gita*, o seu grito filosófico ("Eu sou a luz das estrelas/ Eu sou a cor do luar/ Eu sou as coisas da vida/ Eu sou o medo de amar"), incluída em shows de artistas que vão de Maria Bethânia a Elymar Santos.

Naqueles tempos pouco democráticos do Brasil, sonhar também era contestar: assim, o 14 Bis vinha com um *Planeta Sonho*, na esperança de tempos melhores. Que chegariam, de fato, no início dos anos de 1980, com muita gente fina, elegante e sincera, com habilidade pra dizer mais sim do que não. Ou seja: como anunciava Lulu Santos no grande sucesso *Tempos modernos*. "Nada do que foi será/ De novo do jeito que já foi um dia/ Tudo passa, tudo sempre passará", mandava também Lulu, mais uma vez com a ajuda da pena de Nelson Motta, em *Como uma Onda*, outro hit daqueles tempos modernos. "Eu quero ver o pôr-do-sol/ Lindo como ele só/ E gente pra ver e viajar/ No seu mar de raio", proclamava também Djavan, em *Lilás*, sua incursão por aquele novo pop brasileiro, que subvertia com a alegria e a descontração, na contramão de uma MPB em boa parte desgastada e rancorosa.

Mas e a irreverência? Travestido de roqueiro dos anos de 1950, o multifacetado Eduardo Dusek entraria pela década de 1980 com a leve sátira *Cantando no Banheiro* ("A minha irmã diz que tá apertada/ Fica falando que tá por um triz/ O que é que eu faço se é no banheiro que eu me sinto feliz?"). Seus parceiros nesse projeto de rock-deboche eram os integrantes do grupo João Penca & Seus Miquinhos Amestrados, de onde saiu Léo Jaime, autor de outra pérola da picardia roqueira retrô dos 80: *As Sete Vampiras*, música-tema de filme do mestre do cinema de terrir, Ivan Cardoso.

Inspirada pelos ventos da new wave, toda uma nova linguagem começava a surgir na música brasileira, no começo daquela década. Um dos arautos foi Júlio Barroso e sua Gang 90 & Absurdettes, que comparece a este volume com *Nosso louco amor*. E por falar em novo romantismo, que tal o "fazer amor de madrugada, amor com jeito de virada" de *Pintura Íntima*, a música que apresentou ao mundo o Kid Abelha? Ou então a *Bete Frígida* (e o seu namorado, o Roni Rústico, aquele que só tinha músculos) da Blitz? Uma nova forma de falar das relações amorosas invadia os lares brasileiros pelas ondas das FMs, que cuspiam rocks como *Corações Psicodélicos* (dos beijos spank punk violentos) de Lobão, ou então baladas como *Codinome Beija-Flor* (dos segredos de liqüidificador) do ex-Barão Vermelho Cazuza.

A pouca vontade dos adolescentes de seguir regras mais uma vez teve sua representação roqueira nos anos de 1980. Seja na direta *Aumenta Que Isso Aí é Rock'n Roll*, de Celso Blues Boy, ou na sutil *No Mundo da Lua*, do Biquíni Cavadão ("Não quero mais ouvir/ A minha mãe reclamar/ Quando eu entrar no banheiro/ Ligar o chuveiro/ E não me molhar"). Mas poucos souberam como Roger Rocha Moreira e seu Ultraje a Rigor retratar melhor as oscilações comportamentais desse ser que não é mais criança mas ainda não é adulto. Criaram gemas de simplicidade, como *Ciúme*, e a fanfarrona *Nós Vamos Invadir Sua Praia*, que fala com raro bom humor da rivalidade (?) entre roqueiros do Rio e da sua São Paulo. Cidade de onde vieram, por sinal, duas outras importantes bandas de rock da época, o RPM (mostrando que é possível ser romântico com densidade em *A Cruz e a Espada*) e o Tokyo (do indescritível Supla, com a constatação de que seriedade demais também faz mal, cantando sua punk-song-romântica-de-araque *Garota de Berlim*).

Fora do eixo, RJ-SP, outros grupos juntavam suas respectivas vontades de dizer algo diferente. Da Salvador do axé, veio o Camisa de Vênus, com a libidinosa e sacrílega *Eu Não Matei Joana D'Arc* (a santa que ficava excitada quando pegava na lança e que beijou a rainha da França). Do Rio Grande do Sul chegaram os Engenheiros do Hawaii com as existencialistas *Infinita Highway* (de quilométrica letra) e *Somos Quem Podemos Ser*. Mas nessa época não foi só o rock-rock que trouxe novos discursos. A parte miscigenada com a black music também deu seus bons exemplos. Como o líder do Brylho, Cláudio Zoli, que teve sua pérola da desencanação, *À francesa* ("Se eu te peço pra ficar ou não/ Meu amor eu lhe juro/ Que não quero deixá-lo na mão/ Nem sozinho no escuro") gravada por Marina, ou então Márcia Serejo e Fábio Fonseca, que fizeram para Ed Motta o divertido suingue *Manuel*.

Vida que segue, e o rock brasileiro foi conquistando maturidade e revelando compositores paus-pra-toda-obra - que, no entanto, não perderam sua vitalidade juvenil. Caso de Nando Reis, que quando ainda era o baixista dos Titãs fez a intrigante *E.C.T.* (com Marisa Monte e Carlinhos Brown) para Cassia Eller e a pop *Onde Você Mora* (com Marisa) para o Cidade Negra. Mas nem tanta maturidade assim, que senão estraga, não é? Por isso, existiram um dia os Mamonas Assassinas, com o hino brega-rock *Pelados em Santos*, das pitchulinhas e das minas com cabelo da hora. Quem também deixou saudades irreparáveis foi Chico Science, repentista hip hop que ganhou o país com uma cruza das batidas de Pernambuco e guitarras pesadas (todas a cargo da Nação Zumbi), apresentadas pela primeira vez na indignada *A Cidade* ("A cidade não pára, a cidade só cresce/ O de cima sobe e o de baixo desce"). Quem também tinha pressa em mostrar suas misturas e sua observação urbana eram os cariocas do Rappa, que vieram com *A Feira*, onde o narrador é um vendedor de ervas que aliviam e acalmam "porque os remédios normais nem sempre amenizam a pressão".

E assim, 30 e tantos anos depois de Erasmo e seu *Vem Quente Que Eu Estou Fervendo*, a atitude juvenil do rock pega um skate e sai Brasil afora com os santistas do Charlie Brown Jr.. Com guitarras bem mais envenenadas que as da Jovem Guarda, eles atacam com *Tudo Que Ela Gosta de Escutar* e o manifesto em forma de reggae pesado *Zoio d'Lula*, a música do "Meu escritório é na praia/ Eu tô sempre na área/ Mas eu não sou da sua laia não". As pedras do rock brasileiro - como os Rolling Stones e as rodinhas do skate - rolam, rolam, rolam e não criam limo.

Silvio Essinger

Introdução

Esta publicação apresenta quarenta sucessos do Rock Brasil, transcritos para a pauta musical, na forma em que tornaram-se conhecidos na interpretação do cantor.

Além das melodias cifradas, com as letras alinhadas embaixo, incluí, também, as letras cifradas com acordes para violão, o que torna a publicação mais abrangente, tanto quanto facilita consideravelmente a compreensão e a tarefa de "tirar" a música.

O registro das letras, melodias e cifras reflete com máxima precisão as gravações originais dos CDs. Em algumas músicas, porém, como "Não identificado", "Codinome Beija-Flor" e "Vapor barato", entre outras, a divisão rítmica da melodia foi escrita de forma simplificada, a fim de tornar a leitura mais acessível.

Para a notação musical, adotei os seguintes critérios:

A cifragem é descritiva, ou seja, exibe a raiz do acorde e suas dissonâncias.

Quando há um ritornelo e a melodia da volta é diferente da primeira vez, as figuras aparecem ligeiramente menores e com hastes para baixo. Neste caso, a segunda letra é alinhada com as notas para baixo, como demonstra o exemplo a seguir:

Se um instrumento solista ou vocal avança por um compasso onde há voz, as melodias são escritas com hastes opostas, sem redução de tamanho.

As convenções de base mais marcantes estão anotadas na partitura, logo acima das cifras, com "x" e losango, correspondendo às figuras pretas e brancas, respectivamente.

Nas letras cifradas, as cifras dos acordes estão aplicadas nos locais exatos onde devem ser percutidas ou cambiadas, como mostra o próximo exemplo. Esta forma é mais conveniente para aqueles que já conhecem a melodia ou para os que não lêem notas na pauta.

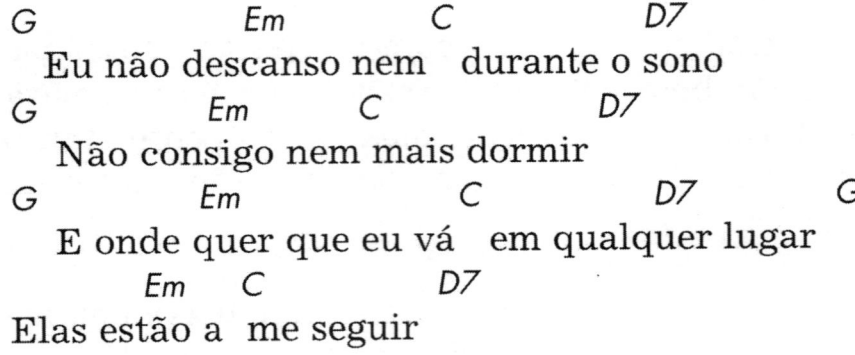

```
G          Em       C           D7
  Eu não descanso nem  durante o sono
G          Em       C           D7
  Não consigo nem mais dormir
G          Em          C         D7       G
  E onde quer que eu vá  em qualquer lugar
           Em    C          D7
Elas estão a  me seguir
```

Nos diagramas de acordes para violão, a ligadura corresponde à pestana; o "x", acima de uma corda, indica que a mesma não pode ser tocada; e o pequeno círculo refere-se à corda solta. Alguns diagramas possuem ligadura e "x". Neste caso, toca-se com pestana mas omite-se a corda com "x". As cordas a serem percutidas recebem bola preta ou pequeno círculo.

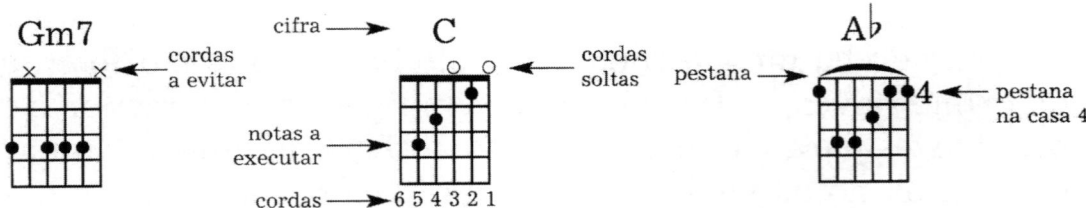

Optei, genericamente, pela utilização de posições de violão consideradas de fácil execução. No entanto, determinadas músicas que possuem baixos caminhantes ou seqüências harmônicas de características marcantes exigem acordes um pouco mais complexos, o que estabelece, em contrapartida, maior fidelidade ao arranjo original da música.

Em alguns casos, músicas gravadas originalmente em tonalidades de difíceis leitura e execução para o músico iniciante, tais como D♭ e F♯, foram transpostas um semitom abaixo ou acima, para facilitar.

Luciano Alves

Você

TIM MAIA

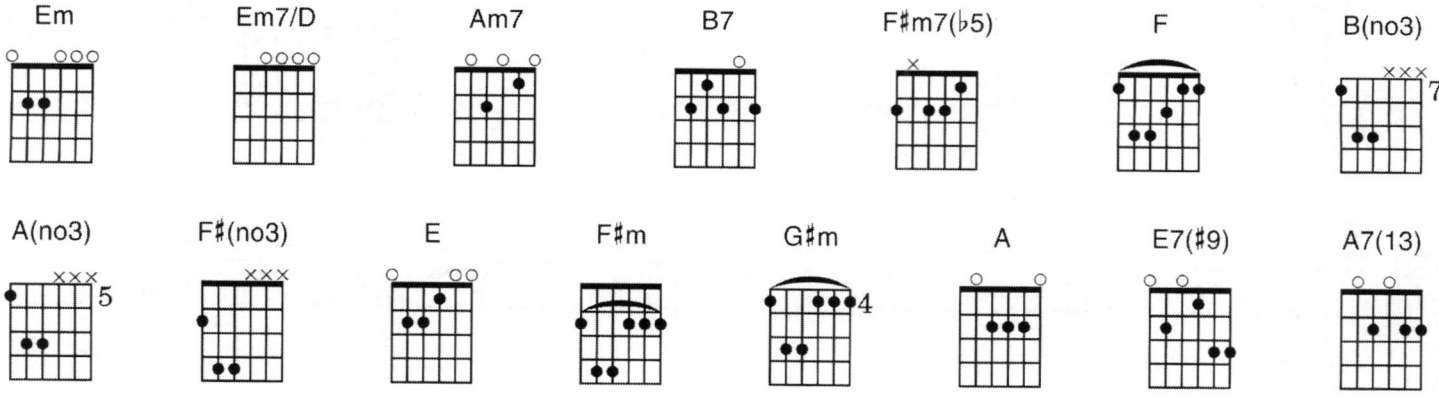

Em
De repente a dor
Em7/D
De esperar terminou
Am7
E o amor veio enfim

Eu que sempre sonhei
B7
Mas não acreditei
Em   F#m7(b5) B7
Muito em mim

Em
Vi o tempo passar
Em7/D
O inverno chegar
Am7
Outra vez

Mas desta vez

Todo o pranto sumiu
F
Como encanto surgiu
B(no3)
Meu amor

Instrumental: **A(no3) F#(no3)**
A(no3) B(no3) A(no3) F#(no3)
A(no3) B(no3)

REFRÃO:

    E   F#m
Você é mais do que sei
              G#m
É mais que pensei
          F#m   B7
É mais que espera__va, ba_by
  E   F#m
Você é algo assim
          G#m
É tudo pra mim
        F#m   B7
É como eu sonha__va, ba_by

E   A
Sou feliz   agora
E   A   G#m
Não, não vá embora, não
F#m   G#m
Não, não, não, não, não
         F#m B7
Não, não, não

Instrumental: **E7(#9) A7(13)**
              E7(#9) A7(13)

Refrão

Sou feliz agora (etc.)
...Não, não, não

E7(#9) A7(13)   E7(#9)
     Não, não vá embora
A7(13)   E7(#9)
Não, não vá embora
           A7(13) E7(#9)
Não, não vá embora
           A7(13) E7(#9)
Não, não vá embora

           A7(13)
Vou morrer de saudade
           E7(#9)
Vou morrer de saudade
           A7(13)
Vou morrer de saudade
           E7(#9)
Vou morrer de saudade

Instrumental com improviso
de voz e fade out: **A7(13) E7(#9)**

Você

TIM MAIA

Nosso louco amor

HERMAN TORRES e
JULIO BARROSO

C#m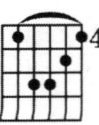
F#m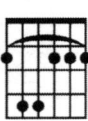
B7(add11)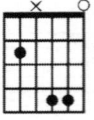
Am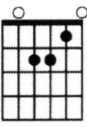
E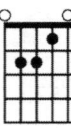

F#m7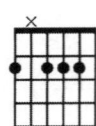
A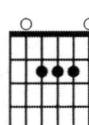
B7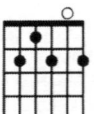
C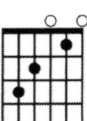
G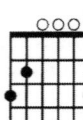

Introdução: **C#m F#m C#m B7(add11) Am E**

    E
Nosso louco amor
  F#m7
Está em seu olhar
  Am   **E**
Quando o adeus vem nos acompanhar

   E
Sem perdão não há
   F#m7
Como aprender e errar
  Am   **E**
Meu amor vem me abandonar

E   **F#m7**
Já foi assim mares do sul
  A   **B7**
Entre jogos de luz beleza sem dor
 C **G** **B7**
A vida sexual dos selva_gens

E   **F#m7**
Agora que passou a dor
 A   **B7**
Na rua a luz da cida_de ilumina
 C **G** **B7**
Nos_so lou_co amor

Vocoder sobre:
 C#m F#m C#m B7(add11) Am E

    E
Nosso louco amor
  F#m7
Está em seu olhar
  Am   **E**
Quando o adeus vem nos acompanhar

   E
Sem perdão não há
   F#m7
Como aprender e errar
  Am   **E**
Meu amor vem me abandonar

E   **F#m7**
Já foi assim mares do sul
  A   **B7**
Entre jogos de luz beleza sem dor
 C **G** **B7**
A vida sexual dos selva_gens

E   **F#m7**
É bom saber voltou a ser
 A   **B7**
Na rua uma estrela ilumi_na
 C **G** **B7**
Nos so lou_co amor

Vocoder sobre:
 C#m F#m C#m B7(add11) Am E

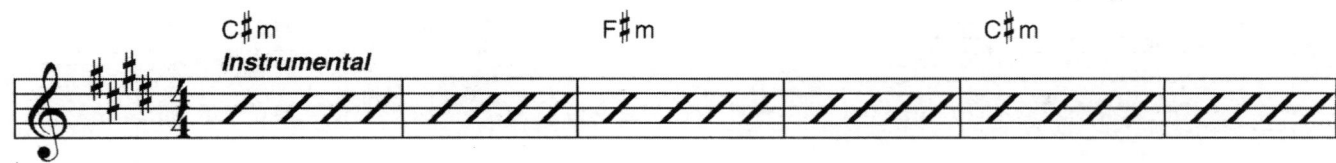

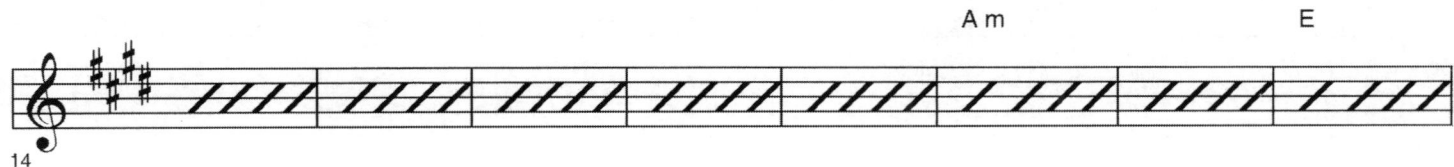
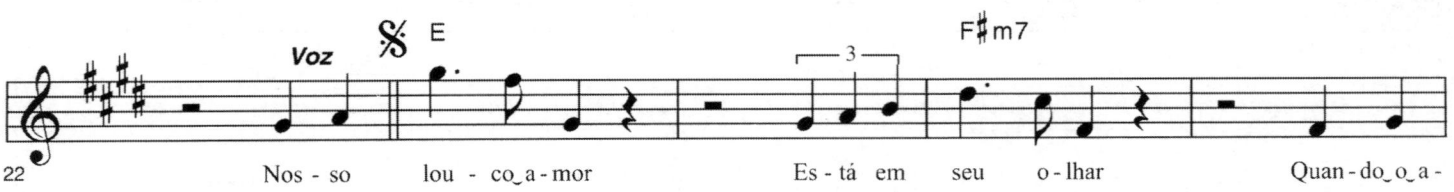

Copyright © 1983 by LUZ DA CIDADE PROD. ART. FONOG. E EDIT. LTDA.
Todos os direitos autorais reservados para todos os países. *All rights reserved*.

A
B7
42
Entre jogos de luz beleza sem dor A
C G B7 E
45
vida sexual dos selvagens
Agora que
É bom saber
F♯m7 A
50
passou a dor
Na rua a luz da cida-
voltou a ser
Na rua a uma maestre-la iluminada
B7 C G B7
53
de iluminada Nosso louco amor
na Nosso louco amor
C♯m F♯m C♯m
Vocoder
57
B7(add11)
62
68
Am E
74
Nosso
Ao 𝄋 e 𝄌
E
79

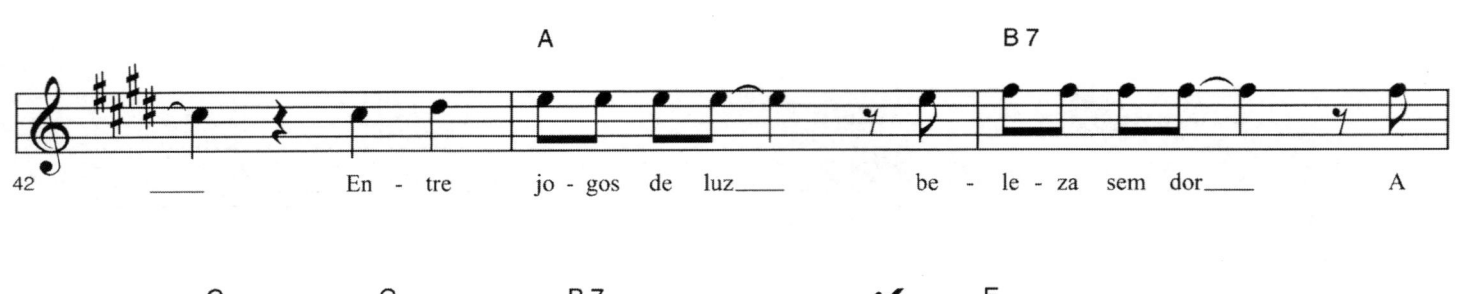

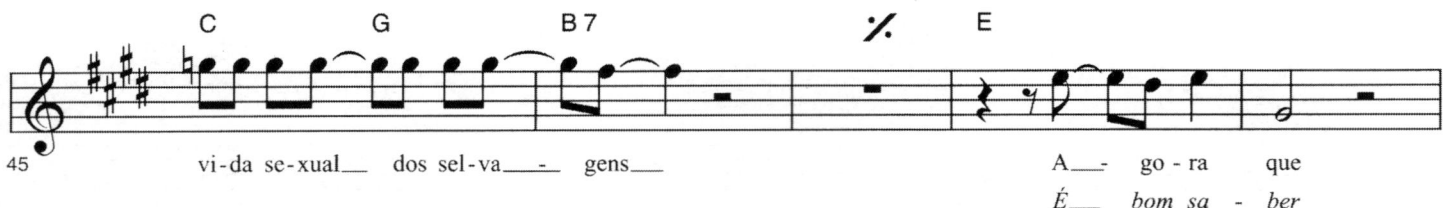

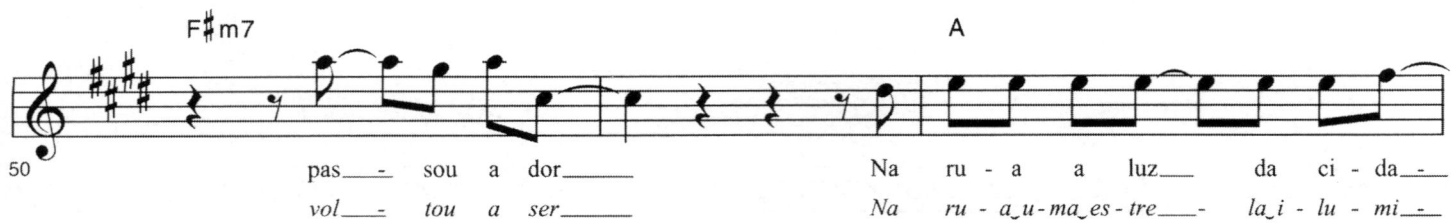

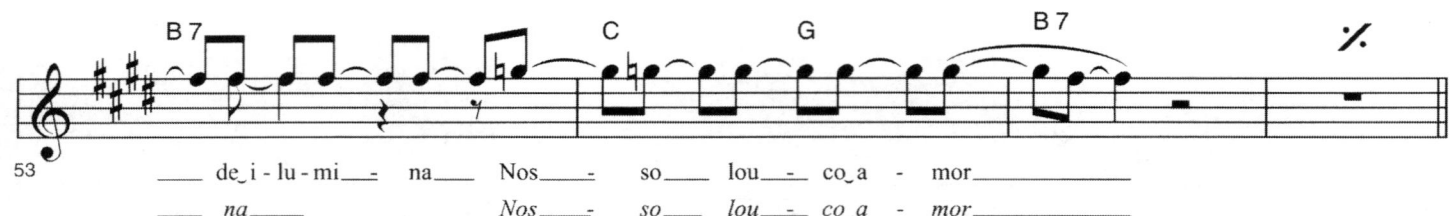

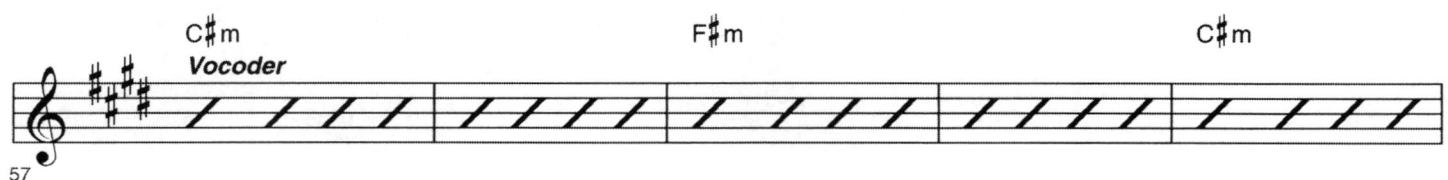

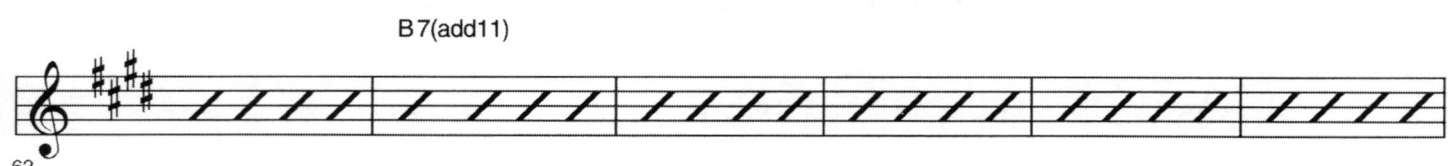

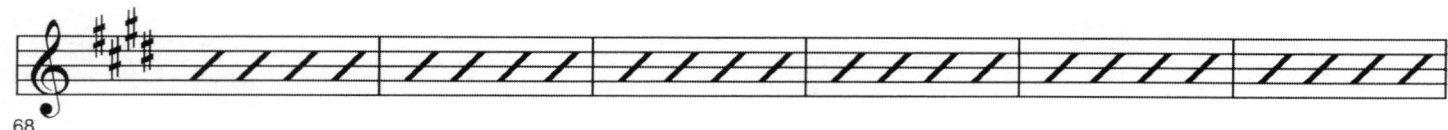

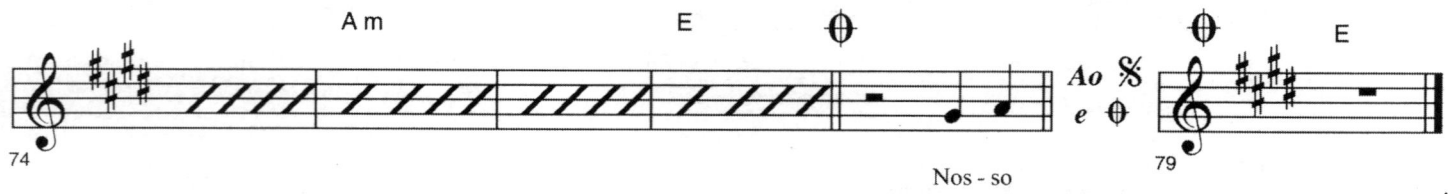

Ciúme

ROGER

A   C   D   Dm   G   Bm

```
 A  C  D  Dm
 Ô  ô  ô  ô
```

Guitarra: **G D C D   G D C D**

```
G          D         C        D
 Eu quero levar uma vi_da moderninha
G            D              C      D
 Deixar minha menininha   sair sozi_nha
G          D             C        D
 Não ser machis_ta e não ban_car o possessivo
G          D         C      D
 Ser mais seguro e não ser   tão impulsivo
```

REFRÃO:
```
G         Bm         C    D
 Mas eu me mordo de ciúme
G         Bm         C    D
 Mas eu me mordo de ciúme
```

Guitarra: **G D C D   G D C D**

```
G            D         C           D
 Meu bem me dei_xa sempre muito à vonta_de
G          D              C       D
 Ela me diz que é muito bom   ter liberda_de
G           D         C       D
 Que não há mal  nenhum em ter  outra amiza_de
G            D            C       D
 E que brigar por isso é mui_ta crueldade
```

Refrão

Solo de guitarra (4Xs): **G D C D**

Eu quero levar uma vida moderninha *(etc.)*
...Mas eu me mordo de ciúme

```
 A  C  D  Dm
 Ô  ô  ô  ô
```

Refrão

Ciúme, ciúme, eu me mordo de ciúme...

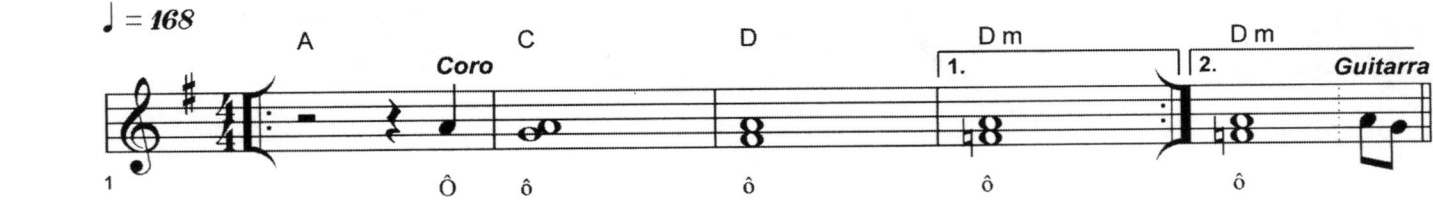

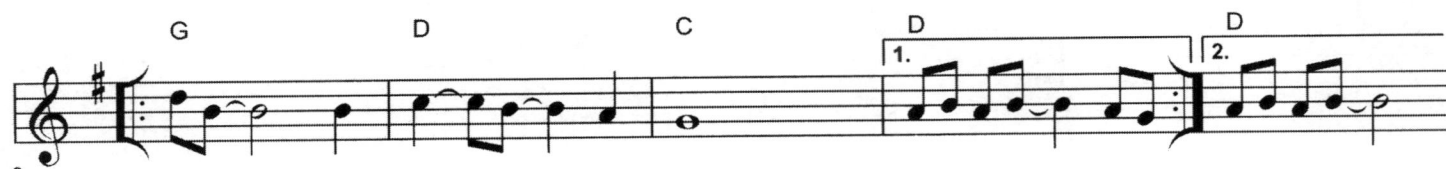

Copyright © 1994 by WARNER CHAPPELL ED. MUSICAIS LTDA.
Todos os direitos autorais reservados para todos os países. *All rights reserved.*

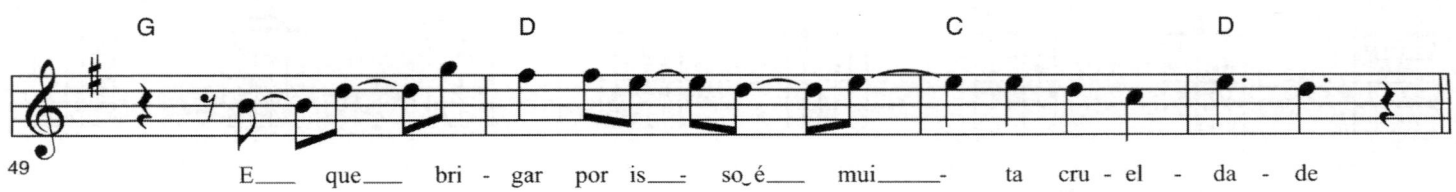

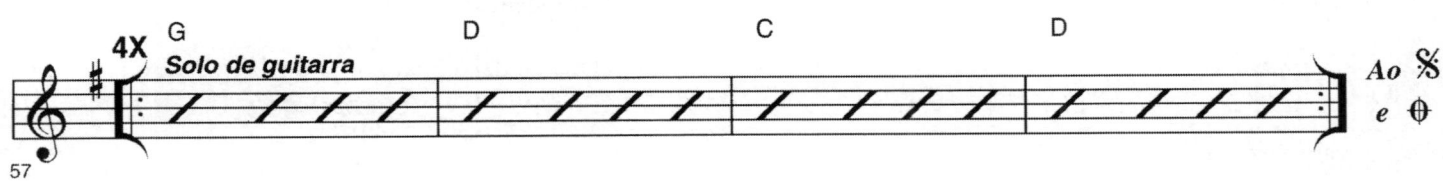
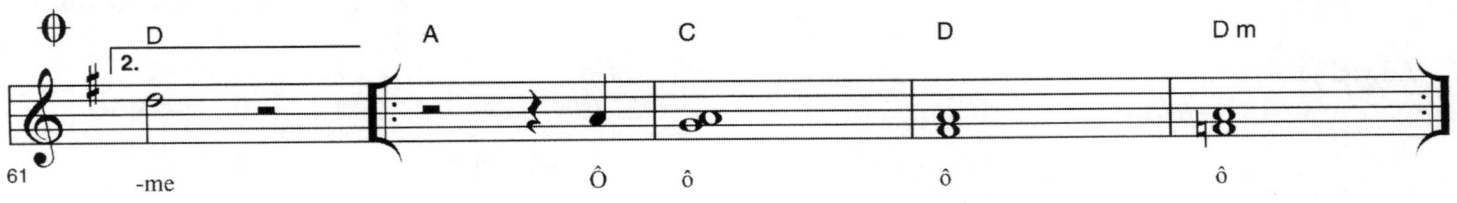

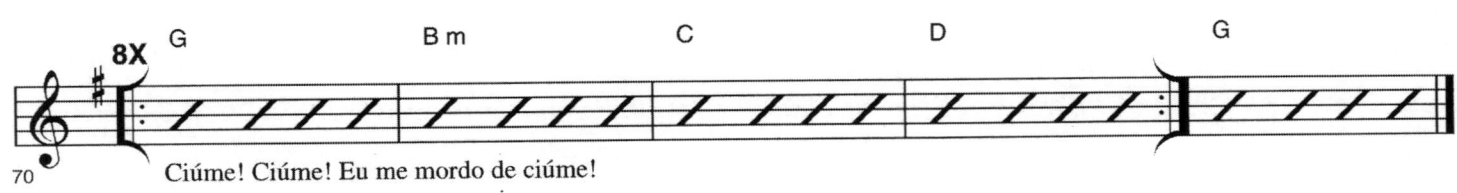

Top top

MUTANTES e
ARNOLPHO LIMA FILHO

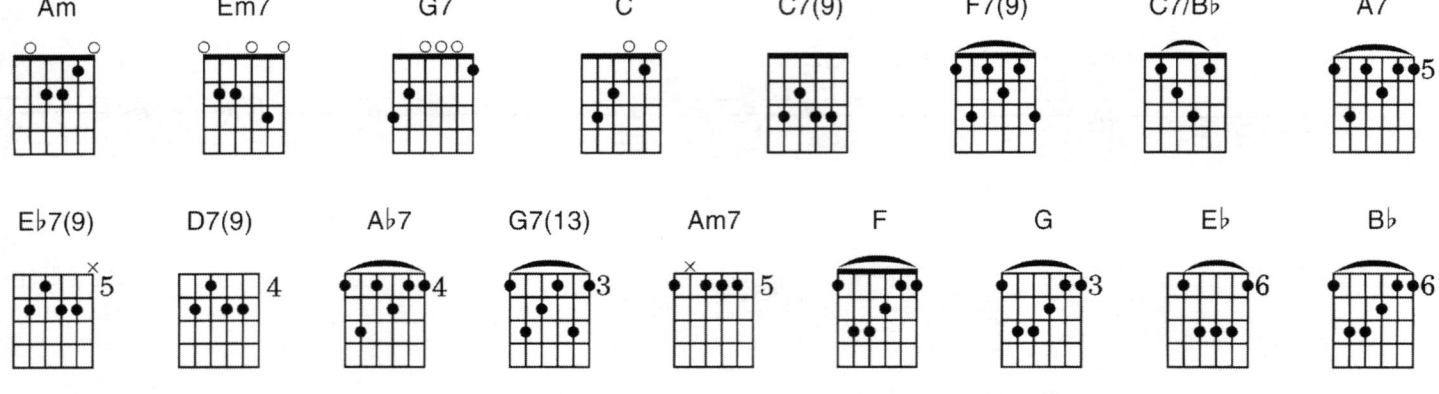

Introdução: **Am Em7 Am Em7**
           Am Em7 Am G7

C
La ri la ri la ri la ri

     C7(9)
Eu vou sabotar

         F7(9)
Você vai se azarar

                C7(9)   C7/B♭
O que eu não ganho eu leso

A7   **E♭7(9)**   **D7(9)   A♭7 G7(13)**
Ninguém vai me gozar não ja__mais!

     C7(9)
Eu vou sabotar

         F7(9)
Vou casar com ele

      C7(9)   **C7/B♭**
Vou trepar   na escada

A7 **E♭7(9)**   **D7(9) A♭7 G7(13)**
Pra pintar seu nome no   céu

Am7
Sabotagem!

Sabotagem!

Sabotagem!
                     F   **G** **E♭ B♭**
Eu quero que você se   top top top uh!

C
La ri la ri la ri la ri

     C7(9)
Ninguém vai dizer

          F7(9)
Que eu deixei barato

           C7(9)   C7/B♭
Vou me ligar em outra

A7   **E♭7(9)**   **D7(9) A♭7 G7(13)**   **C7(9)**
Te dizer bye bye até   nunca jamais

Solo de guitarra: **C7(9) F7(9) C7(9) C7/B♭**
                     A7 E♭7(9) D7(9) A♭7 G7(13)

Am7
Sabotagem!

Sabotagem!

Sabotagem!
                     F   **G** **E♭ B♭**
Eu quero que você se   top top top uh!

Solo de percussão: **C No chord**

FINAL várias vezes:
  C7(9)
La ri la ri la ri la ri la ri   *(fade out)*

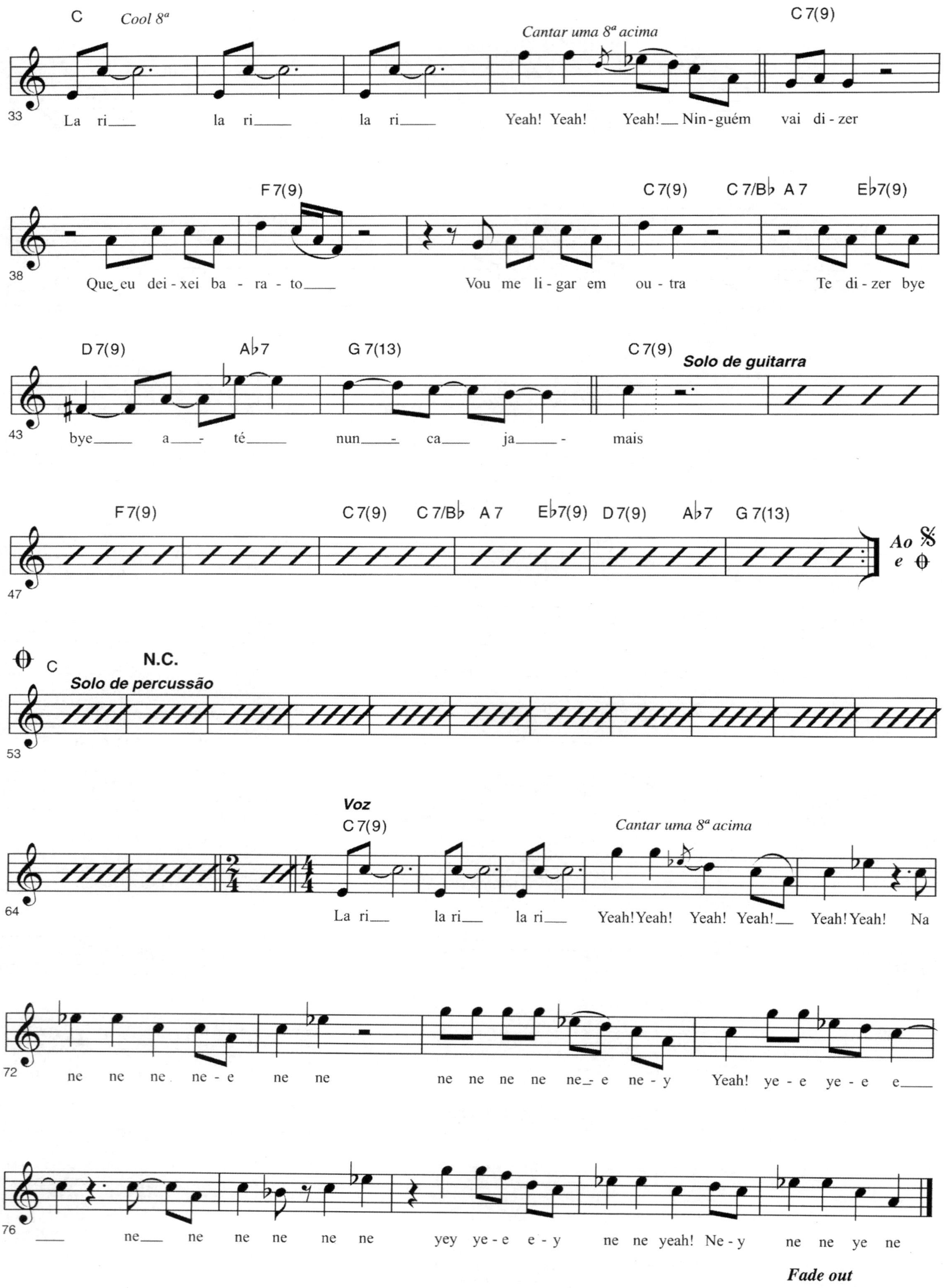
C
Cool 8ª
Cantar uma 8ª acima
C 7(9)
La ri__ la ri__ la ri__ Yeah! Yeah! Yeah!__ Nin-guém vai di-zer
F 7(9)
C 7(9) C 7/B♭ A 7 E♭7(9)
Que‿eu dei-xei ba-ra-to__ Vou me li-gar em ou-tra Te di-zer bye
D 7(9) A♭7 G 7(13) C 7(9)
Solo de guitarra
bye__ a__- té__ nun__- ca__ ja__- mais
F 7(9) C 7(9) C 7/B♭ A 7 E♭7(9) D 7(9) A♭7 G 7(13)
Ao 𝄋 e 𝄌
𝄌 C N.C.
Solo de percussão
Voz
C 7(9)
Cantar uma 8ª acima
La ri__ la ri__ la ri__ Yeah! Yeah! Yeah! Yeah!__ Yeah! Yeah! Na
ne ne ne ne-e ne ne ne ne ne ne ne‿e ne-y Yeah! ye-e ye-e e__
__ ne__ ne ne ne ne ne yey ye-e e-y ne ne yeah! Ne-y ne ne ye ne
Fade out

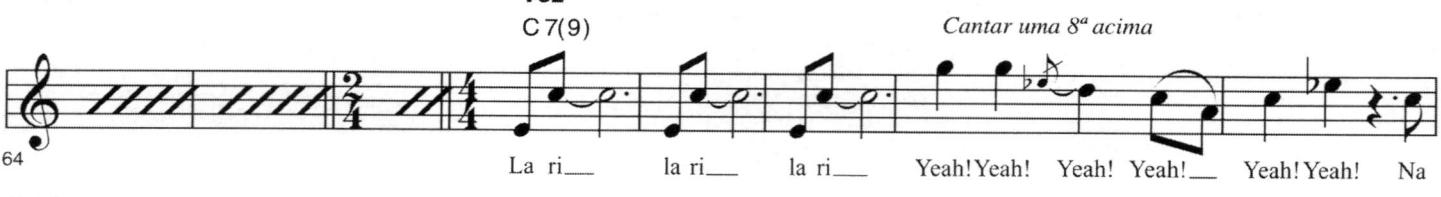

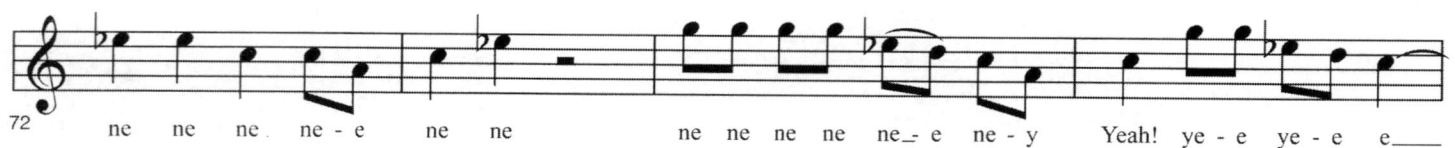

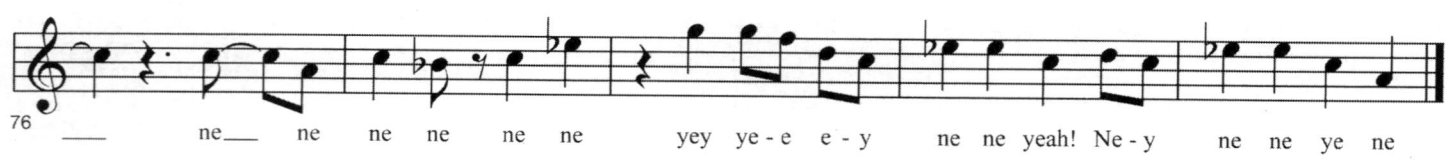

Betty frígida

ANTÔNIO PEDRO, EVANDRO MESQUITA,
PATRÍCIA TRAVASSOS e RICARDO BARRETO

Dm 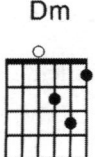 F  G 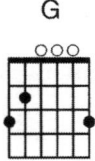 A 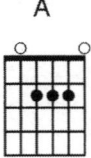 F#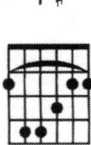

Introdução (2Xs): **Dm F G Dm F Dm**

Falando: A Kajadan filmes apresenta a estranha história de Roni Rústico e Betty Frígida. Versão brasileira AIC São Paulo.

Dm
Meu amor não fique assim
F
Não foi sua a minha culpa
G
Por favor não mude de cor
A
A gente pode tentar outra vez
Dm
A noite é uma criança
F   **G**
Um pouco de amor não cansa can_sa cansa cansa
           A
É que eu sou frígida

Dm   **F   G**
Frígida, Betty Frí_gida, rígida
Dm
Eu não consigo relaxar
           F   G
Frígida, Betty Frí_gida, rígida
Dm
Eu sei que eu conseguir

   F   Dm   F   Dm F F# G F
Calma Betty, calma,   você deve fazer de leve
   F   Dm   F   Dm F F# G   F
Calma Betty, calma,   assim você me machuca
   F   Dm   F   Dm F F# G   F G   F
Calma Betty, calma,   Juca já fez isso uma vez

Solo de guitarra (2Xs): **Dm F G Dm F Dm**

Dm
Ah! Meu amor agora já sei
F
Depois de amar como eu te amei
G
Ah! Eu pensei que sabia tudo
A
Mas aprendi ah tudo essa vez
Dm
Ah! O meu beijo te quebrava os dentes
F   **G**
O meu abraço nunca foi quente, quen_te, quente, quente
           A
É que eu sou rústico

Dm   **F   G**
Rústico, Roni Rús_tico só tenho músculos
Dm
Eu sempre quis te namorar
           F   G
Frígida, Betty Frí_gida, rígida
Dm
Agora eu já consegui

   F   Dm   F   Dm F F# G F
Calma Betty, calma
-Hey, Betty, vamos tomar um grapette?
-Sim, Roni!
   F   Dm   F   Dm F F# G F
Calma Betty, calma
-Hey, Roni, você viu o que aquele boçal escreveu no jornal?
-Ah! Eles não sabem de nós

   F   Dm   F   Dm F F# G F G Dm
Calma Betty, calma
E os urubus continuam passeando a tarde inteira
Entre os girassóis

Tropicália

CAETANO VELOSO

 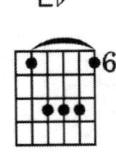  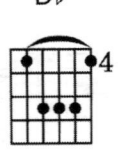 

Introdução: **Cm F7 Cm F7**

Cm   F7 Cm
  Sobre a cabeça os avi_ões
             F7   Cm
  Sob os meus pés, os cami_nhões
       F7   Cm   **F7**
  Aponta contra os chapa_dões, meu nariz
Eb   **Bb Eb**
  Eu organizo o movi_mento
       Bb Eb
  Eu oriento o carna_val

  Eu inauguro o monumento
  Bb Eb   **Bb Eb Bb**
  No Pla_nalto Central do país

Eb   **Db**
  Viva a bossa sa sa
Eb   **Db**
  Viva a palhoça ça ça ça ça
Eb   **Db**
  Viva a bossa sa sa
Eb   **Ab**   **Bb Cm F7 Cm F7**
  Viva a palhoça ça ça ça

Cm   **F7   Cm**
  O monumento é de papel crepom e prata
       F7   Cm
  Os olhos verdes da mu_lata
         F7   Cm
  A cabeleira esconde atrás da verde mata
      F7 Cm F7
  O luar do sertão
Eb   **Bb Eb**
  O monumento não tem porta
         Bb   **Eb**
  A entrada é uma rua antiga, estreita e torta
       Bb   **Eb**
  E no joelho uma criança sorridente, feia e morta
    Bb
  Estende a mão

Eb   **Db**
  Viva a mata ta ta
Eb   **Db**
  Viva a mulata ta ta ta ta
Eb   **Db**
  Viva a mata ta ta
Eb   **Ab** **Bb Cm F7 Cm F7**
  Viva a mulata ta ta ta ta

Cm   **F7   Cm**
  No pátio interno há uma pis_cina
          F7   Cm
  Com água azul de Amara_lina
         F7   Cm   **F7**
  Coqueiro, brisa e fala nordestina e faróis
Eb   **Bb**   **Eb**
  Na mão direita tem uma roseira
         Bb   **Eb**
  Autenticando a eterna primavera

  E no jardim os urubus passeiam
   Bb   **Eb**   **Bb**
  A tarde inteira entre os girassóis

Eb   **Db**
  Viva Maria iá iá
Eb   **Db**
  Viva a Bahia iá iá iá iá
Eb   **Db**
  Viva Maria iá iá
Eb   **Ab** **Bb Cm F7 Cm F7**
  Viva a Bahia iá iá iá iá

Cm   **F7 Cm**
  No pulso esquerdo o bang - bang
         F7   Cm
  Em suas veias corre muito pouco sangue
         F7   Cm   **F7**
  Mas seu coração balança a um samba de tamborim
Eb   **Bb Eb**   **Bb Eb**
  Emite acordes disso_nantes pelos cinco mil alto-fa__lantes
         Bb   **Eb**
  Senhoras e senhores ele põe os olhos grandes sobre mim

Eb	Db
Viva Iracema ma ma	

Eb	Db
Viva Ipanema ma ma ma ma	

Eb	Db
Viva Iracema ma ma	

Eb	Ab	Bb Cm F7 Cm F7
Viva Ipanema ma ma ma ma		

Cm	F7 Cm
Domingo é o Fino da Bossa	

	F7 Cm
Segunda-feira está na fossa	

	F7 Cm	F7
Terça-feira vai à roça porém		

Eb	Bb Eb
O monumento é bem mo_derno	

	Bb Eb
Não disse nada do modelo do meu terno	

	Bb Eb	Bb
Que tudo mais vá pro in_ferno, meu bem		

	Bb Eb	Bb
Que tudo mais vá pro in_ferno, meu bem		

Eb	Db
Viva a banda da da	

Eb	Db
Carmem Miranda da da da da	

Eb	Db
Viva a banda da da	

Eb	Db
Carmem Miranda da da da da	

Eb	Db
Viva a banda da da	

Eb	Ab Bb Cm
Carmem Miranda da da da da	

Copyright © 1967 by GAPA/ WARNER CHAPPELL EDIÇÕES MUSICAIS LTDA.
Todos os direitos autorais reservados para todos os países. *All rights reserved.*

Somos quem podemos ser

HUMBERTO GESSINGER

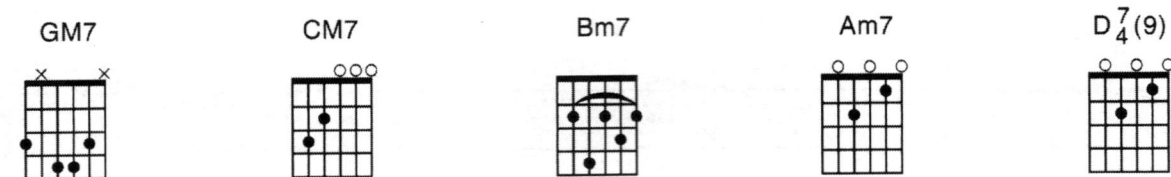

Introdução (2Xs): **GM7 CM7 GM7 CM7**

   GM7
Um dia me disseram
              CM7
Que as nuvens não eram de algodão
   GM7
Um dia me disseram
              CM7
Que os ventos às vezes erram a direção
 GM7
E tudo ficou tão claro
  CM7
Um intervalo na escuridão
   GM7
Uma estrela de brilho raro
  CM7
Um disparo para um coração
 Bm7
A vida imita o vídeo
   CM7
Garotos inventam um novo inglês
 Bm7
Vivendo num país sedento
  CM7
Um momento de embriaguez
Am7   *Bm7*
Somos quem podemos ser
Am7   *Bm7 CM7*
Sonhos que podemos ter

Repete introdução

GM7
Um dia me disseram
    CM7
Quem eram os donos da situação
 GM7
Sem querer eles me deram
    CM7
As chaves que abrem essa prisão
 GM7
E tudo ficou tão claro
   CM7
O que era raro ficou comum
    GM7
Como um dia depois do outro
   CM7
Como um dia um dia comum

A vida imita o vídeo *(etc.)*
...Sonhos que podemos ter

Solo de synth: **GM7 CM7 GM7 CM7**
Bm7 CM7 Bm7 CM7
Am7 Bm7 Am7 D7 4(9)

 GM7
Um dia me disseram
              CM7
Que as nuvens não eram de algodão
 GM7
Sem querer eles me deram
    CM7
As chaves que abrem essa prisão
Bm7
Quem ocupa o trono tem culpa
CM7
Quem oculta o crime também
Bm7
Quem duvida da vida tem culpa
CM7   *Bm7 CM7*
Quem evita a dúvida também tem
Bm7 CM7
Hum!
Am7   *Bm7*
Somos quem podemos ser
Am7   *Bm7 CM7 GM7*
Sonhos que podemos ter

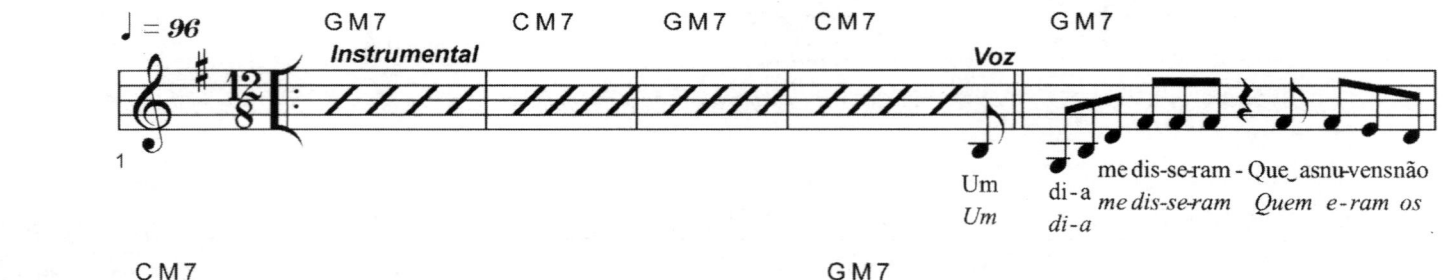

Copyright © 1988 by WARNER CHAPPELL EDIÇÕES MUSICAIS LTDA.
Todos os direitos autorais reservados para todos os países. *All rights reserved.*

Planeta sonho

FLÁVIO VENTURINI,
VERMELHO e
MÁRCIO BORGES

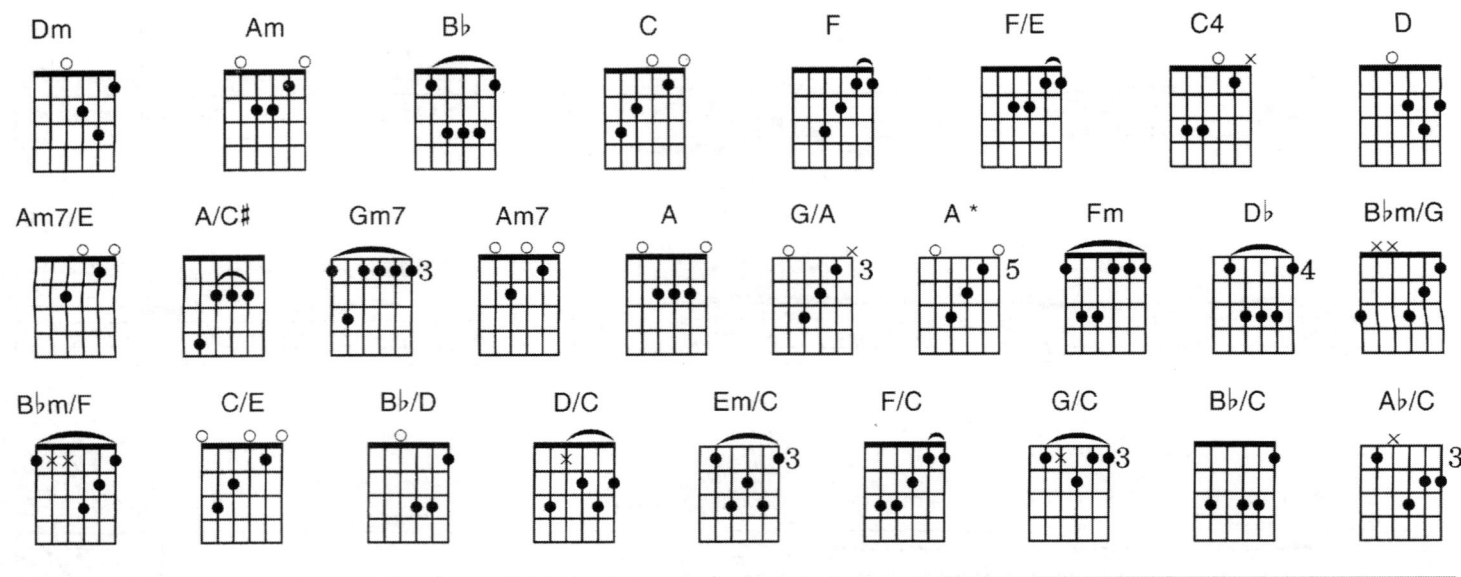

Introdução (synth): **Dm Am Bb C F F/E**
Dm Am Bb C4 C Dm Am Bb C D Bb F Am7/E
Dm A/C# Bb F

```
Dm              Am            Bb    C        Dm
   Aqui ninguém    mais ficará    depois do sol
Bb          F   Am7/E      Dm       A/C#
   No final será   o que não sei    mas será
Bb         F
   Tudo demais
            Bb            F
   Nem o bem    nem o mal
Gm7           C               F
   Só o brilho cal__mo dessa luz

Bb            A       Dm      C
   O planeta cal_ma será Ter__ra
F             A        Dm      C
   O planeta so_nho será Ter__ra
F             Gm7              Am7
   E lá no fim    daquele mar
              Dm        Am7         Gm7
   A minha estre__la vai    se apagar
                    C
   Como brilhou
Gm7                    C
   Fogo solto no caos

Dm              Am            Bb    C        F
   Aqui também    é bom lugar    de se viver
Bb            F   Am7/E      Dm       A/C#
   Bom lugar será   o que não sei    mas será
Bb         F
   Algo a fazer
            Bb            F
   Bem melhor    que a canção
Gm7           C                       F
   Mais bonita que   alguém lembrar
```

```
Bb          A         Dm     C
   A harmoni_a    será Ter__ra
F             A         Dm     C
   A dissonân_cia será be__la
F             Gm7              Am7
   E lá no fim    daquele azul
              Dm        Am7         Gm7
   Os meus acor__des vão    terminar
                    C
   Não haverá
Gm7                    C
   Outro som pelo ar

F             A        Dm      C
   O planeta so_nho será Ter__ra
F             A         Dm     C
   A dissonân_cia será be__la
F             Gm7              Am7
   E lá no fim    daquele mar
              Dm        Am7         Gm7
   A minha estre__la vai    se apagar
                    C
   Como brilhou
Gm7                    C
   Fogo solto no caos
```

Gaita: **A G/A A G/A**

Synth: **Dm Am Bb C F Am7/E**
**Dm Am Bb C4 C Dm Am Bb C Fm Db Bbm/
G Bbm/F C/E Bb/D C**

O planeta sonho será terra *(etc.)*

Synth: **Dm Am Bb C F Am7/E Dm Am7 Bb C4
C D/C Em/C F/C G/C Bb/C Ab/C G/C**

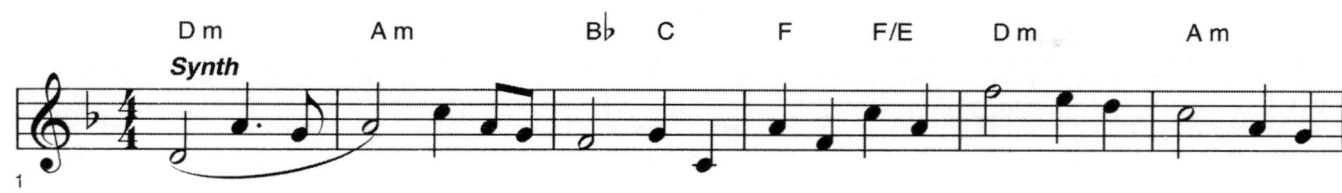

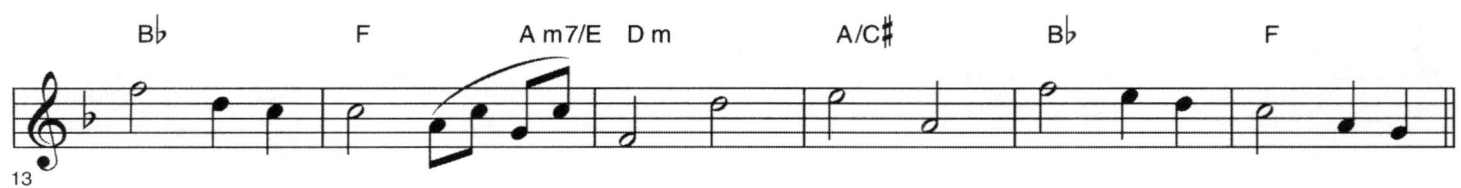

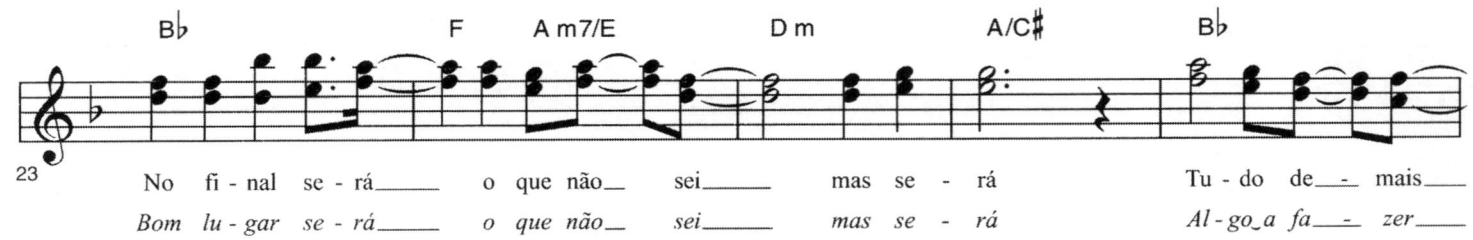

©Copyright 1980 by EDIÇÕES MUSICAIS TAPAJÓS LTDA.
©Copyright 1980 by EMI SONGS DO BRASIL EDIÇÕES MUSICAIS LTDA.
Todos os direitos autorais reservados para todos os países. All rights reserved.

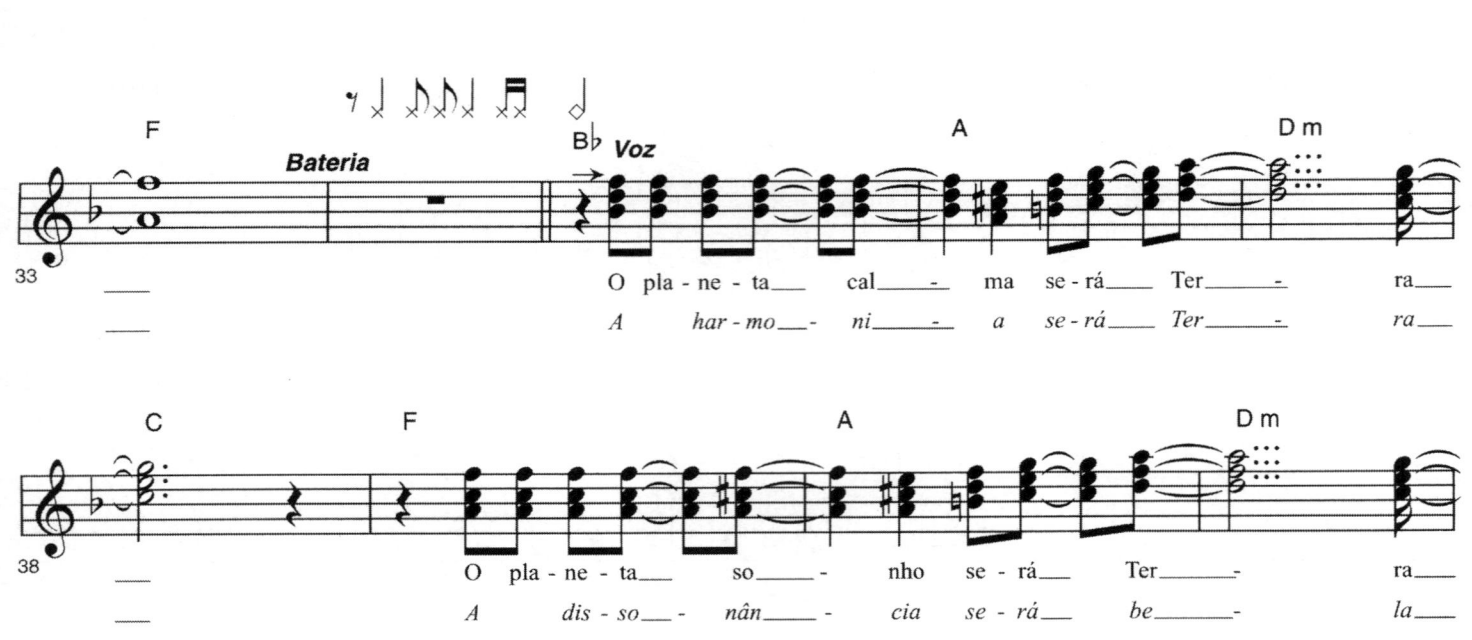
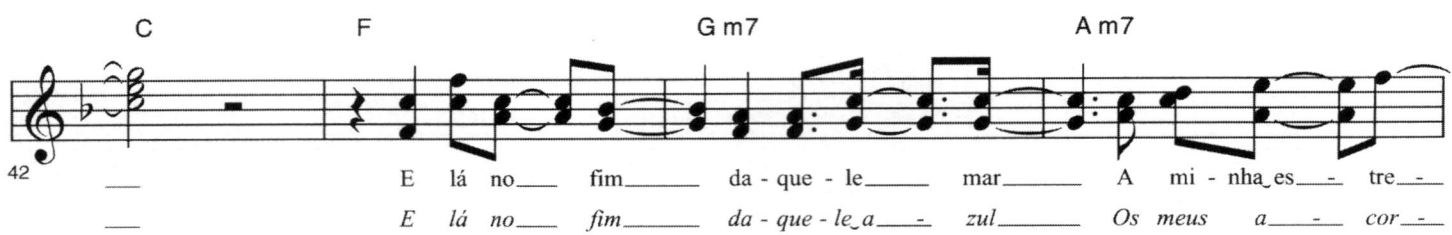

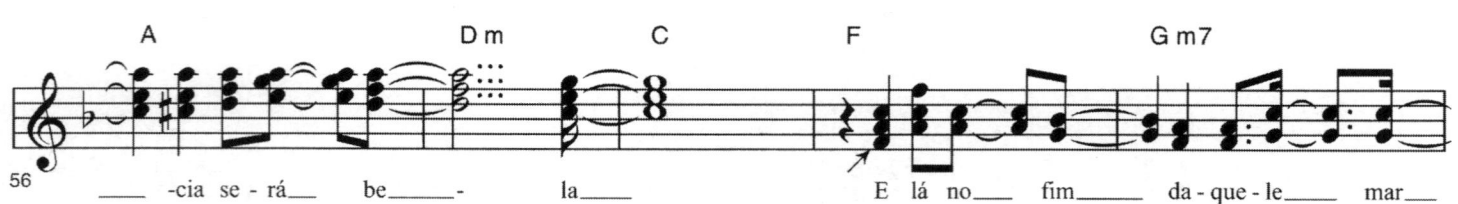
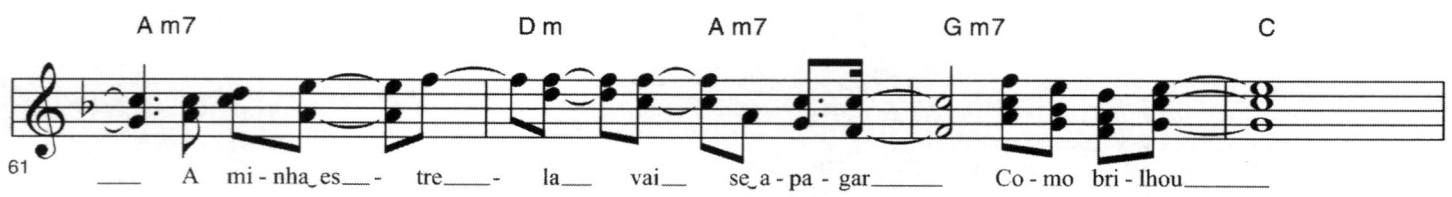

A cruz e a espada

PAULO RICARDO e
LUIZ SCHIAVON

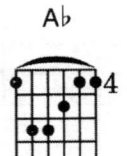 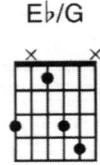 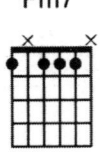  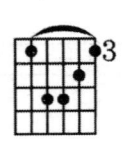 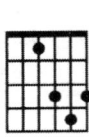

Ab   Eb/G   Fm7   Bb7   Cm   Eb

Introdução (2Xs): **Ab Eb/G Fm7 Bb7**

Ab   **Eb/G**
Havia um tempo   em que eu vivia
Fm7   **Bb7**
Um sentimento quase infantil
Ab   **Eb/G**
Havia o medo e a timidez
Fm7   **Bb7**
Todo um lado que você nunca viu

REFRÃO:

Fm7   **Cm**
E agora eu vejo   aquele beijo
Ab   **Bb7**   **Cm**
Era mesmo o fim
Fm7   **Cm**
Era o começo   e o meu desejo
Ab   **Bb7**   **Cm**   **Eb**
Se perdeu de mim

Ab   **Eb/G**
E agora eu ando   correndo tanto
Fm7   **Bb7**
Procurando aquele novo lugar

Ab   **Eb/G**
Aquela festa   o que me resta
Fm7   **Bb7**
Encontrar alguém legal pra ficar

Refrão

Solo de teclado (2Xs): **Ab Eb/G Fm7 Bb7**

Refrão

Ab   **Eb/G**
E agora é tarde   acordo tarde
Fm   **Bb7**
Do meu lado alguém que eu não conhecia
Ab   **Eb/G**
Outra criança   adulterada
Fm   **Bb7**
Pelos anos que a pintura escondia

Refrão

Solo de teclado: **Ab Eb/G Fm7 Bb7**
Fade out

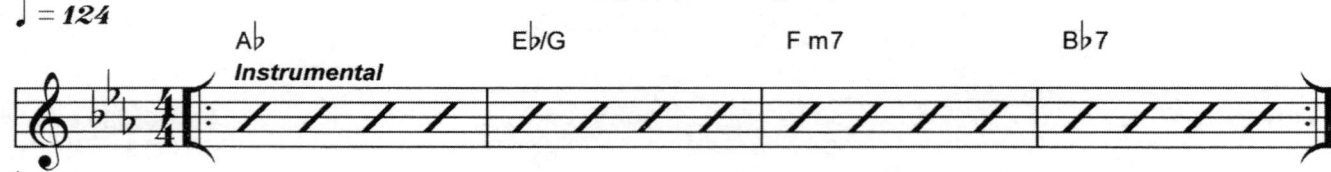

Copyright © by MERCURY PROD. E EDIÇÕES MUSICAIS LTDA.
Copyright © by WARNER CHAPPELL EDIÇÕES MUSICAIS LTDA.
Todos os direitos autorais reservados para todos os países. *All rights reserved.*

Ha - vi - a o me - do e a ti - mi - dez To - do um la - do que vo-
A - que - la fes - ta   o que me res - ta En - con - trar al - guém le-
Ou - tra cri - an - ça   a - dul - te - ra - da Pe - los a - nos que a pin-

-cê nun - ca viu E a - go - ra eu ve - jo a - que - le bei - jo E - ra mes - mo o fim
-gal pra fi - car
tu - ra es - con - dia

E - ra o co - me - ço e o meu de - se - jo Se per - deu de mim

A - go - ra eu ve - jo a - que - le bei - jo e - ra o fim Ah! E - ra o fim não

E - ra o co - me - ço e o meu de - se - jo Se per - deu de mim

E nun - ca mais

Fade out

As sete vampiras

LEO JAIME

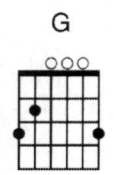

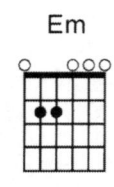

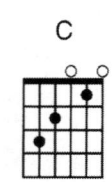

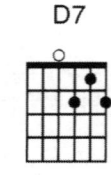

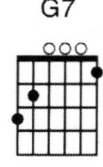

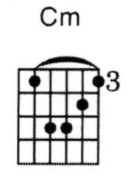

Introdução (4Xs): **G Em C D7**

REFRÃO:

```
G       Em      C        D7    G  Em    C  D7
  Oh oh oh oh    oh oh oh oh oh oh  oh
G       Em      C        D7    G  Em    C  D7
  Oh oh oh oh    oh oh oh oh oh oh  oh
```

Duas vezes:

```
G            Em        C            D7
  Eu não descanso nem   durante o sono
G          Em       C          D7
  Não consigo nem mais dormir
G          Em          C          D7        G
  E onde quer que eu vá   em qualquer lugar
            Em    C       D7
  Elas estão a me seguir
```

```
    C                              G
  São sete garotas me paquerando o dia inteiro
  C                         G
  Seja no trabalho, no carro ou no banheiro
  D7
  As setes garotas tremenda confusão
```

Refrão

Duas Xs:

```
G         Em            C         D7         G  Em  C  D7
  Mas elas querem meu carinho e o meu amor
G          Em            C      D7           G  Em  C  D7
  Elas querem o meu sangue e o meu calor
G           G7          C             Cm
  São como vampiras numa fita de terror
            G            Em       C         D7     G  Em  C  D7
  Elas querem o meu coração   mas isso eu não dou
```

Instrumental (4Xs): **G Em C D7**

Refrão

Duas vezes:

```
G         Em    C         D7      G            Em       C  D7
  Mas eu já tenho uma peque__na que eu vou te contar
G         Em        C       D7          G
  Ah! Ela é mesmo um estou_ro e é com ela
              Em    C  D7
  Que eu quero ficar
```

```
  C                           G
  Mas o meu broto morre de ciúmes
  C                                            G
  Quando sente em mim o cheiro de um outro perfume
  D7
  E ela chora diz que vai embora
```

Refrão

```
G           Em            C              D7     G
  Mas eu só quero seu carinho eu quero o seu amor
              Em          C       D7
  (Só quero seu amor    só quero seu amor)
         Em           C              D7        G
  Eu só quero o seu sangue eu quero seu calor
              Em          C       D7
  (Só quero seu amor    só quero seu amor)
```

```
         G             G7         C          Cm
  Eu sou como um vampiro numa fita de terror
         G           Em         C
  Não quero mais saber de ninguém
         D7    G  Em  C  D7
  Só quero o meu amor
         G             G7         C          Cm
  Eu sou como um vampiro numa fita de terror
```

(Ei, por acaso alguém viu uma vampirinha por aí?)

```
  G            Em           C
  Quero mais saber de ninguém
  D7    G  Em  C  D7
  Só quero o meu amor
         D7    G  Em  C
  Só quero o meu amor
         D7    G   G7 C Cm
  Só quero o meu amor        não quero mais saber
         G           Em           C
  Não quero mais saber de ninguém
  D7    G  Em  C  D7
  Só quero o meu amor
         D7    G  F#  G
  Só quero o meu amor
```

♩ = 184
Teclado
Coro
Oh oh oh oh oh oh oh oh oh oh oh
Voz
Eu não des - can - so nem du - ran - te͜ o so - no
Mas eu já te - nho u - ma pe - que- na
Não con - si - go nem mais dor - mir
Que͜ eu vou te con - tar
E on - de quer que͜ eu vá em qual - quer lu - gar
Ah! E - la͜ é mes - mo um es - tou - ro e͜ é com
E - las es - tão a me se - guir
e - la que͜ eu que - ro fi - car
Eu não des - can - so nem du - ran - te͜ o so - no
Mas eu já te - nho u - ma pe - que - na
Não con - si - go nem mais dor - mir
que͜ eu vou te con - tar
E on - de quer que͜ eu vá em qual - quer lu - gar
E - la͜ é mes - mo um es - tou - ro e͜ é com
E - las es - tão a me se - guir
e - la que͜ eu que - ro fi - car

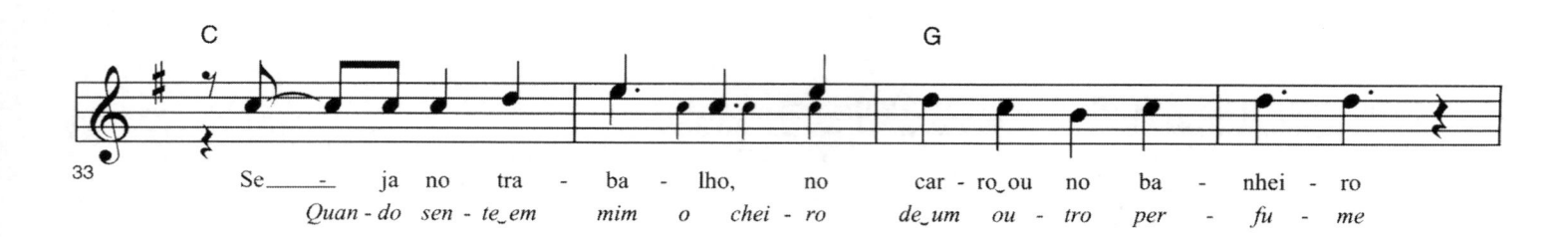

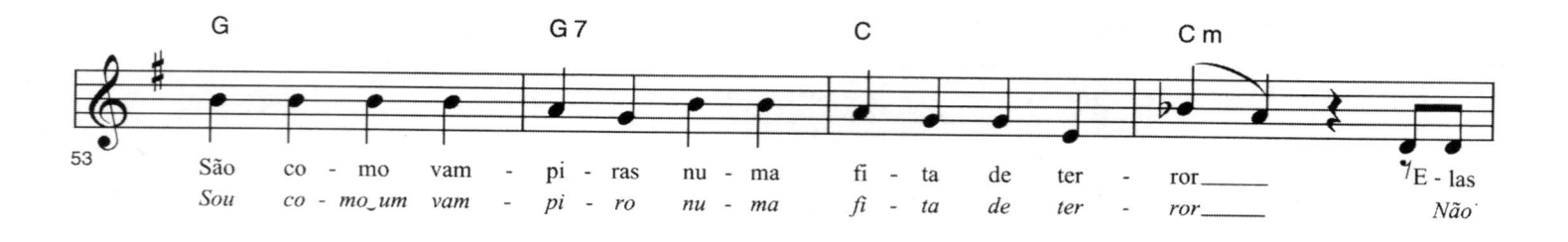

29
C ... G
São se-te ga-ro-tas me pa-que-ran-do o di-a in-tei-ro
Mas o meu bro-to mor-re de ci-ú-mes

33
C ... G
Se-ja no tra-ba-lho, no car-ro ou no ba-nhei-ro
Quan-do sen-te em mim o chei-ro de um ou-tro per-fu-me

37
D7
As se-te ga-ro-tas tre-men-da con-fu-são
E e-la cho-ra diz que vai em-bo-ra

41
G Em C D7 G Em C D7
Oh oh oh oh oh oh oh oh oh oh oh

45
G Em C D7 G Em C D7
Mas e-las que-rem meu ca-ri-nho e o meu a-mor
Mas eu só que-ro o seu ca-ri-nho eu que-ro seu a-mor Só quero seu amor só quero seu a-mor

49
G Em C D7 G Em C D7
E-las que-rem o meu san-gue e o meu ca-lor
Eu só que-ro o seu san-gue eu que-ro seu ca-lor Só quero seu amor só quero seu a-mor

53
G G7 C Cm
São co-mo vam-pi-ras nu-ma fi-ta de ter-ror E-las
Sou co-mo um vam-pi-ro nu-ma fi-ta de ter-ror Não

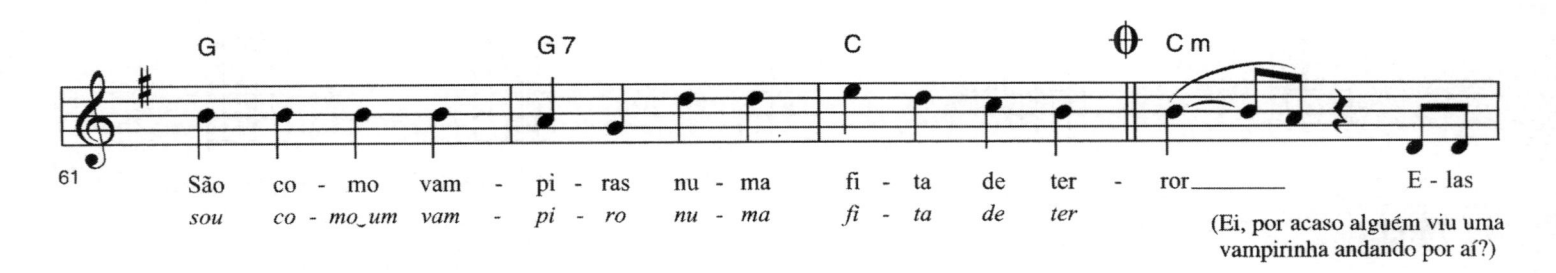

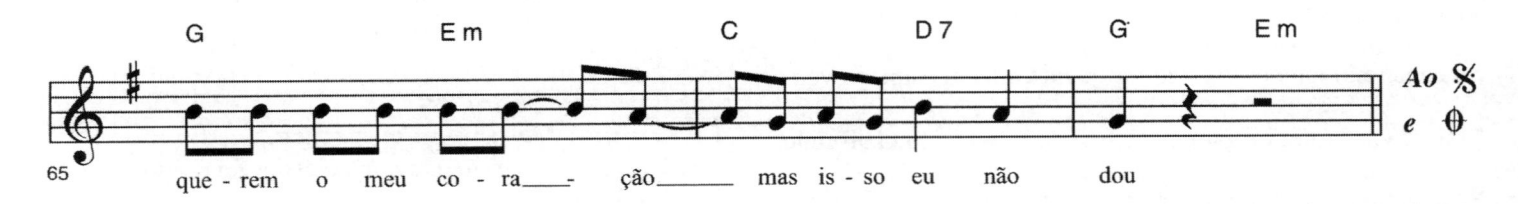

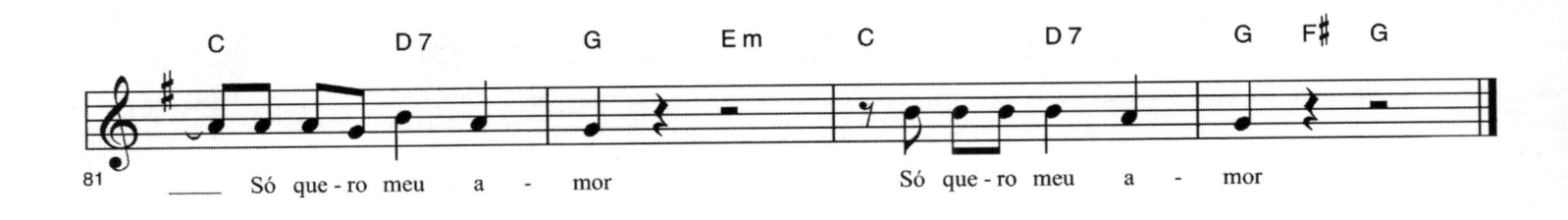

57
querem o meu cora—ção___ mas is-so eu não dou
que - ro mais sa - ber de nin - guém___ só que - ro meu a___- mor Eu

61
São co - mo vam - pi - ras nu-ma fi - ta de ter - ror___ E - las
sou co - mo um vam - pi - ro nu - ma fi - ta de ter

(Ei, por acaso alguém viu uma vampirinha andando por aí?)

65
que - rem o meu co - ra___- ção___ mas is - so eu não dou

68
-ror Não que - ro mais sa - ber de nin - guém___ Só que - ro meu a - mor

72
só que - ro meu a - mor   só que - ro meu a - mor___

77
___ Não que - ro mais sa - ber não que - ro mais sa - ber de nin - guém___

81
___ Só que - ro meu a - mor   Só que - ro meu a - mor

Vem quente que eu estou fervendo

CARLOS IMPERIAL e
EDUARDO ARAÚJO

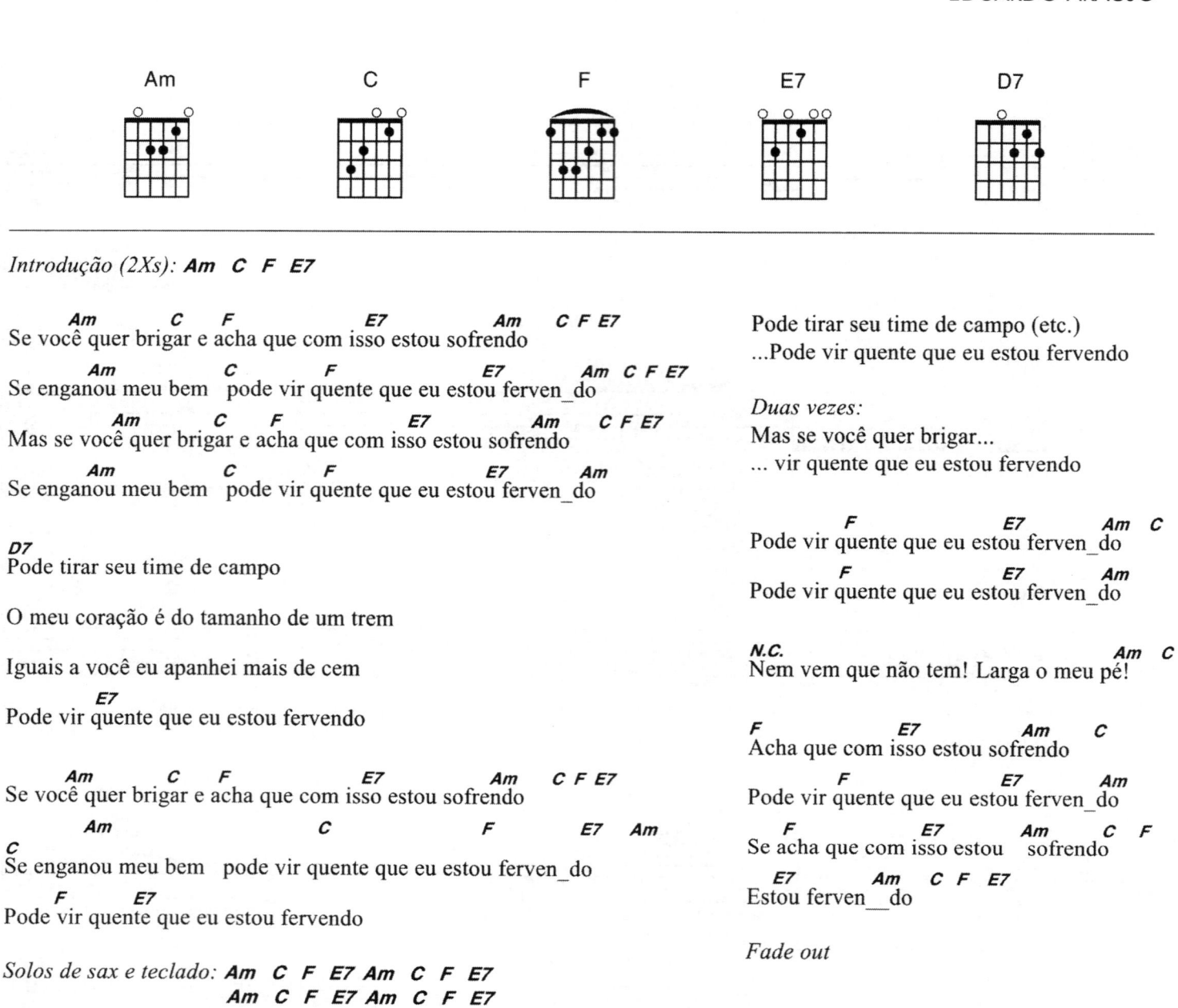

Am   C   F   E7   D7

Introdução (2Xs): **Am   C   F   E7**

  Am   C F   E7 Am C F E7
Se você quer brigar e acha que com isso estou sofrendo
  Am   C F   E7 Am C F E7
Se enganou meu bem pode vir quente que eu estou ferven_do
   Am   C F   E7 Am C F E7
Mas se você quer brigar e acha que com isso estou sofrendo
  Am   C F   E7 Am
Se enganou meu bem pode vir quente que eu estou ferven_do

D7
Pode tirar seu time de campo

O meu coração é do tamanho de um trem

Iguais a você eu apanhei mais de cem
   E7
Pode vir quente que eu estou fervendo

  Am   C F   E7 Am C F E7
Se você quer brigar e acha que com isso estou sofrendo
  Am   C   F   E7 Am
C
Se enganou meu bem pode vir quente que eu estou ferven_do
  F E7
Pode vir quente que eu estou fervendo

Solos de sax e teclado: **Am C F E7 Am C F E7**
         Am C F E7 Am C F E7
         Am C F E7 Am

Pode tirar seu time de campo (etc.)
...Pode vir quente que eu estou fervendo

Duas vezes:
Mas se você quer brigar...
... vir quente que eu estou fervendo

   F   E7 Am C
Pode vir quente que eu estou ferven_do
   F   E7 Am
Pode vir quente que eu estou ferven_do

N.C.   Am C
Nem vem que não tem! Larga o meu pé!

F   E7 Am C
Acha que com isso estou sofrendo
   F   E7 Am
Pode vir quente que eu estou ferven_do
  F   E7 Am C F
Se acha que com isso estou sofrendo
 E7 Am C F E7
Estou ferven__do

Fade out

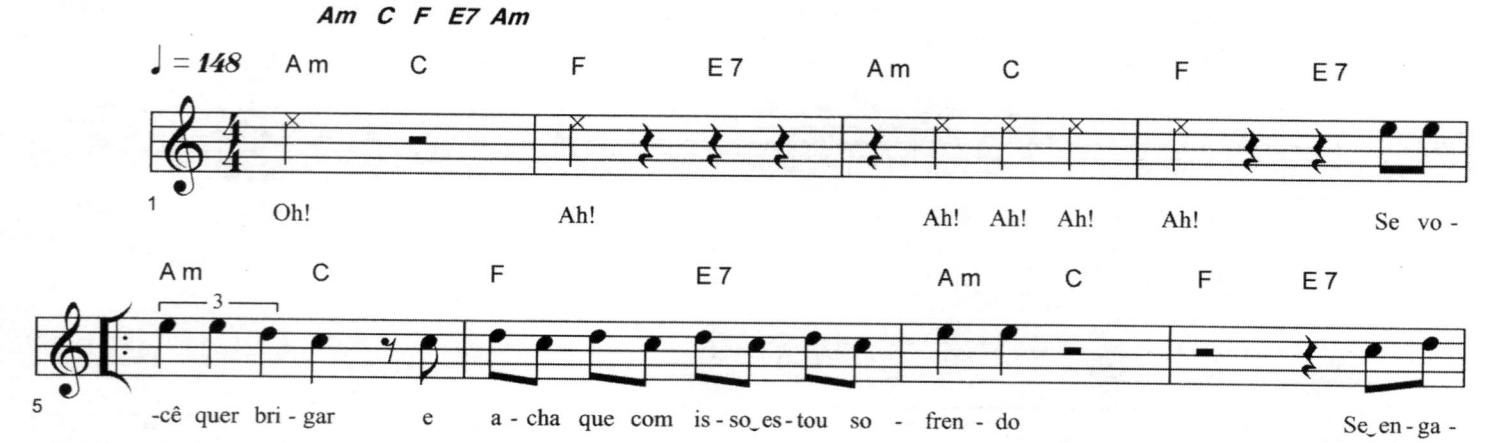

♩ = 148

Oh! Ah! Ah! Ah! Ah! Ah! Se vo-cê quer bri - gar e a - cha que com is - so_es - tou so - fren - do Se_en - ga -

Copyright © 1966 by EDCLAVE - EDIÇÕES CLAVE LTDA.
Todos os direitos autorais reservados para todos os países. *All rights reserved.*

Am C F E7 Am C F E7
1.
-nou meu bem po-de vir quen-te que eu es-tou fer- ven- do Mas se vo-
Am
2.
-do
D7
Po-de ti-rar seu ti-me de cam- po O
meu co-ra-ção é do ta-ma-nho de um trem I-guais a vo-cê eu a-pa-nhei mais de cem Po-de vir
E7 Am C F E7
quen-te que eu es-tou fer- ven- do (Mas) Se vo-cê quer bri-gar e a-cha que com is-so es-tou so-
Am C F E7 Am C F E7
-fren-do Se en-ga-nou meu bem po-de vir quen-te que eu es-tou fer- ven-
Am C F E7 N.C.
-do Po-de vir quen-te que eu es-tou fer- ven- do
Am C F E7 Am C F E7
Solos de sax e teclado
Am C F E7 Am
Ao 𝄋 e 𝄌
9
13
17
21
25
29
33
37

Am Am C F E7
41 __ -do__ Mas se vo - cê quer bri - gar e a - cha que com is - so‿es - tou so -
Am C F E7 Am C F E7
45 -fren - do Se‿en - ga - nou meu__ bem__ po - de vir quen - te que‿eu es - tou fer__- ven__-
Am C F E7 Am C
49 __ -do__ Po - de vir quen - te que‿eu es - tou fer__- ven__-__ do__ Po - de vir
F E7 N.C.
52 quen - te que‿eu es - tou fer__- ven__- do__ Nem vem que não tem!
Am C F E7 Am C
56 Lar - ga‿o meu pé! A - cha que com is - so‿es - tou so - fren - do Po - de vir
F E7 Am C F E7
60 quen - te que‿eu es - tou fer__- ven__- do__ Se a - cha que com is - so‿es - tou
Am C F E7 Am C F E7
63 so - fren - do 'stou fer__- ven__- do__
Fade out

Pintura íntima

LEONI e
PAULA TOLLER

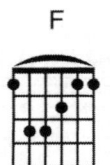

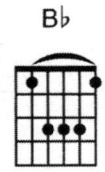

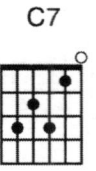

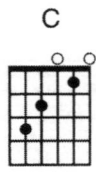

F   Bb   C7   C

Introdução: *F Bb C7 (4Xs)*
Bb C Bb C Bb C Bb C

Bb   C   Bb   C
Vem amor que a ho_ra é essa
Bb   C   Bb   C
Vê se enten_de a minha pres_sa
Bb   C   Bb   C
Não me diz que eu tô errado
Bb   C   Bb   C
Eu tô se_co eu tô molha_do

Bb   C   Bb   C   Bb   C
Deixa as con_tas que no fim das con__tas
                    Bb   C
O que interes__sa pra nós é

Refrão (2Xs):
 F   Bb   C7   F   Bb C7
Fazer amor de ma_druga_da
 F   Bb   C7   F   Bb C7
Amor com jei_to de vira_da

Sax: *Bb C Bb C*

Bb   C   Bb   C
Larga lo_go desse espe_lho
Bb   C   Bb   C
Não reparou que eu tô até verme_lho
Bb   C   Bb   C
Tá fican_do tarde   no meu e_dredom
Bb   C   Bb   C
Logo o so_no ba_te

Deixa as contas *(etc.)*
...pra nós é

Refrão

Sax (4Xs): **Bb C**

Refrão repete ad libitum e fade out

♩ = **136**

Voz
Vem a - mor que a ho - ra é es - sa
Vê se en - ten - de a mi - nha pres - sa
Não me diz que eu tô er - ra - do
Eu tô se - co eu tô mo - lha - do
Dei - xa as con - tas que no fim das con - tas
O que in - te - res - sa pra nós é
Fa - zer a - mor de ma - dru - ga - da
(Sax)
A - mor com jei - to de vi - ra - da
(Sax)

Sax
Voz
Lar - ga lo - go des - se es - pe - lho
Não re - pa - rou que eu tô a - té ver - me - lho
Tá fi - can - do tar - de no meu e - dre - dom
Lo - go o so - no ba - te
Ao 𝄋 e 𝄌
Sax
1.
2.
Rep. ad libitum
Fa - zer a - mor de ma - dru - ga - da
(Sax)
A - mor com jei - to de vi - ra - da
(Sax)
Fade out

Não quero dinheiro
(Só quero amar)

TIM MAIA

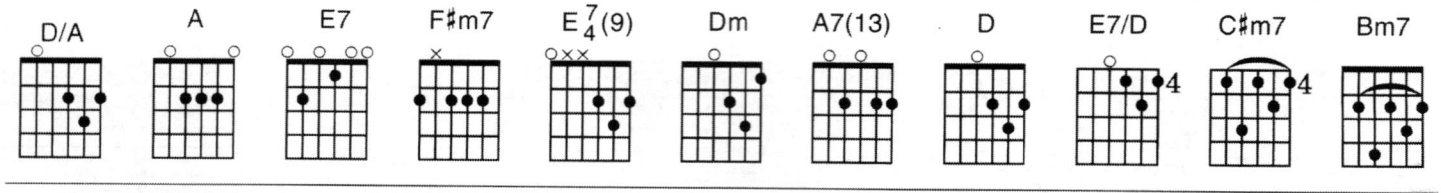

Introdução: **D/A   A   D/A   A   D/A   E7**

A   **F#m7**
Vou pedir pra você   voltar

A   **F#m7**
Vou pedir pra você   ficar

   E7 4(9)
Eu te a__mo

        A   E7 4(9)
Eu te quero bem

A   **F#m7**
Vou pedir pra você   gostar

A   **F#m7**
Vou pedir pra você   me amar

  Dm
Eu te a__mo

                    E7 4(9)
Eu te adoro, meu amor

A7(13)   **D**
A semana inteira

       E7/D
Fiquei esperando

         C#m7
Pra te ver sorrindo

         F#m7
Pra te ver cantando

           Bm7
Quando a gente ama

            E7 4(9)
Não pensa em dinheiro

                   A   **A7(13)**
Só se quer amar, se quer amar, se quer amar

              D
De jeito maneira

           E7/D
Não quero dinheiro

           C#m7
Quero o amor sincero

             F#m7
Isto é que eu espero

            Bm7
Grito ao mundo inteiro

           E7 4(9)
Não quero dinheiro

              A   E7 4(9)
Eu só quero amar

A   **F#m7**
Te espero para ver   se você vem

A   **F#m7**
Não te troco nesta vi__da por ninguém

            E7 4(9)
Porque eu te amo

        A   E7 4(9)
Eu te quero bem

A   **F#m7**
Acontece que na vi__da a gente tem

A   **F#m7**
Que ser feliz por ser ama__do por alguém

            Dm
Porque eu te amo

Eu te adoro

         E7 4(9)
Meu amor

Repete ad libitum e fade out: A semana inteira *(etc.)*

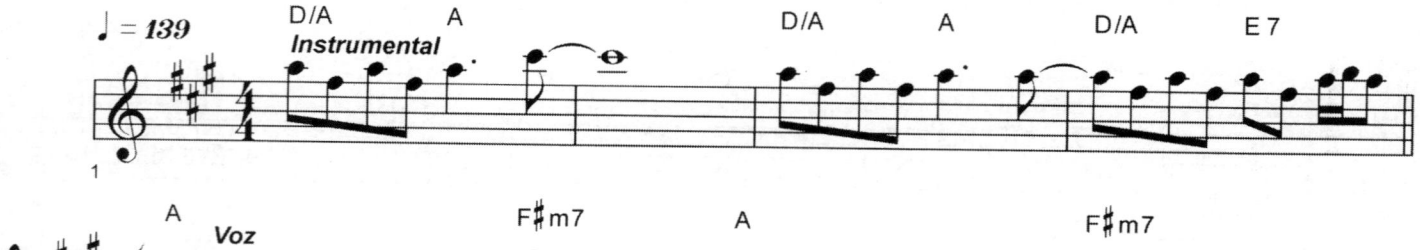

E7/4(9) A E7/4(9) Dm
1. 2.
-mo Eu te que-ro bem -mo Eu te‿a-do-
E7/4(9) A 7(13) D
-ro, meu a-mor A se-ma-na‿in-tei-ra Fi-quei es-pe-
E 7/D C♯m7 F♯m7 B m7
-ran-do Pra te ver sor-rin-do Pra te ver can-tan-do Quan-do‿a gen-te a-ma Não pen-sa‿em di-
E7/4(9) A A 7(13)
-nhei-ro Só se quer a-mar, se quer a-mar, se quer a-mar De jei-to ma-
D E 7/D C♯m7
-nei-ra Não que-ro di-nhei-ro Que-ro‿o‿a-mor sin-ce-ro Is-to‿é que‿eu es-
F♯m7 B m7 E7/4(9) A E7/4(9)
-pe-ro Gri-to‿ao mun-do‿in-tei-ro Não que-ro di-nhei-ro Eu só que-ro‿a-mar
A F♯m7 A
Te es-pe-ro pa-ra ver se vo-cê vem Não te tro-co nes-ta vi-
F♯m7 E7/4(9) A
-da por nin-guém Por-que‿eu te a-mo Eu te que-ro bem

E7/4(9) A F♯m7 A
A-con-te-ce que na vi - da a gen-te tem Que ser fe-liz por ser a-ma -
F♯m7 Dm E7/4(9)
-do por al-guém Por-que eu te a-mo Eu te a-do ro - Meu a-mor
Rep. ad libitum
A7(13) D E7/D C♯m7
A se-ma-na in - tei-ra Fi-quei-es-pe - ran-do Pra te ver sor - rin-do Pra te ver can -
F♯m7 Bm7 E7/4(9)
-tan - do Quan-do a gen - te a - ma Não pen-sa em di - nhei - ro Só se quer a -
A A7(13) D
-mar, se quer a - mar, se quer a - mar De jei - to ma - nei - ra Não que - ro di -
E7/D C♯m7 F♯m7
-nhei - ro Que - ro o a-mor sin - ce - ro Is-to é que eu es - pe - ro Gri-to ao mun-do in -
Bm7 E7/4(9) A A7(13)
-tei - ro Não que-ro di - nhei - ro Eu só que-ro a - mar A se-ma-na in-
Fade out

Cantando no banheiro

EDUARDO DUSEK

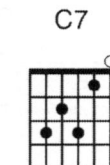

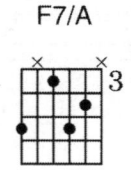

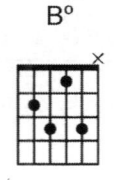

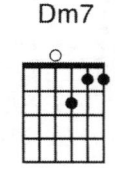

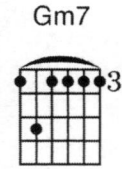

F   Bb7   C7   F7/A   B°   Dm7   Gm7

     F   *Bb7*
Cantando no banheiro, berrando no chuveiro
F   *C7*   *F*   *Bb7*
Deixo logo o meu corpo inteirinho ensaboa__do

                F
Benzinho eu fico ensopa_do
 C7   *Bb7*   *F*   *Bb7*
Papai bate na porta, a maçaneta entorta, eu não a_bro
        F *Bb7*
Ah! Eu não a_bro
 C7   *Bb7*   *F*   *Bb7*
Mamãe diz que tá morta de vontade, não importa eu não a_bro
        F *Bb7*
Ah! Eu não a_bro

     F   *Bb7*
Não adianta ninguém da família pedir para entrar
     F   *C7*
Pois não pretendo nenhum dos meus hábitos modificar
    F   *F7/A*
A minha irmã diz que tá aperta_da
 Bb7   *B°*
Fica falando que tá por um triz
      F   *Dm7*   *Gm7*   *C7*   *F C7*
O que que eu faço se é no banhei__ro que eu me sinto feliz

Cantando no banheiro, berrando no chuveiro *(etc.)*
...O que que eu faço se é no banheiro que eu me sinto feliz

Solo de teclado e guitarra: **F Bb7 F C7 F**
Bb7 F C7 Bb7 F Bb7   F Bb7 C7 Bb7 F Bb7 F Bb7 F

Não adianta ninguém da família pedir para entrar *(etc.)*
      F   *Dm7*   *Gm7*   *C7*   *F Dm7*
...O que que eu faço se é no banhei__ro que eu me sinto feliz
     Gm7   *C7*   *F Dm7*
O que que eu faço se é no banhei_ro que eu me sinto feliz
     Gm7   *C7*   *F*
O que que eu faço se é no banhei_ro que eu me sinto feliz

Cantando no banheiro

EDUARDO DUSEK

♩ = 200

Can - tan-do no ba-nhei-ro, ber - ran-do no chu-vei-ro Dei-xo lo-go o meu cor-po in-tei-ri-nho en-sa-bo-a - do __ Ben-zi-nho eu fi-co en-so-pa - do __ Pa - pai ba-te na por-ta, __ a ma-ça-ne-ta en-tor-ta, eu não a - bro __ Ah! Eu não a - bro __ Ma - mãe diz que tá mor-ta de von- -ta-de, não im-por-ta eu não a - bro __ Ah! não __ a - bro __ Não a-di- -an-ta nin-guém __ da fa - mí-lia pe-dir __ pa-ra en - trar Pois não pre - ten-do ne-nhum __ dos meus há-bi-tos mo __ di-fi - car A mi-nha ir - mã diz que tá a-per - ta - da Fi-ca fa-

mo - di-fi - car

Copyright © 1982 by IRMÃOS VITALE S/A IND. E COM. - São Paulo - Brasil.
Todos os direitos autorais reservados para todos os países. *All rights reserved.*

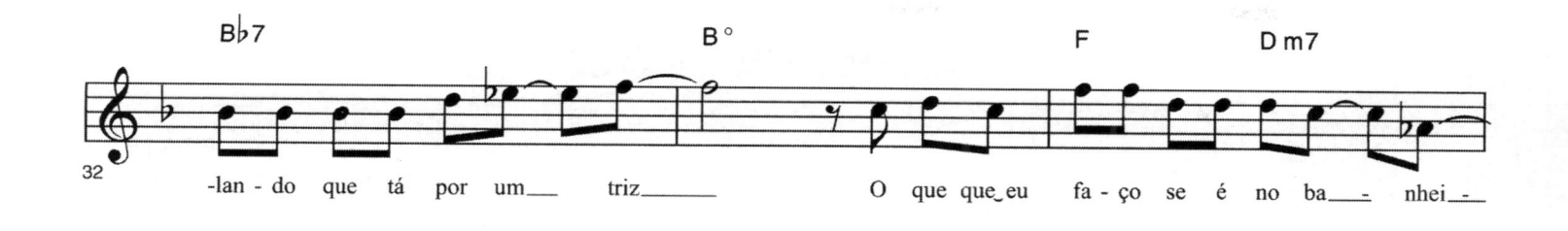

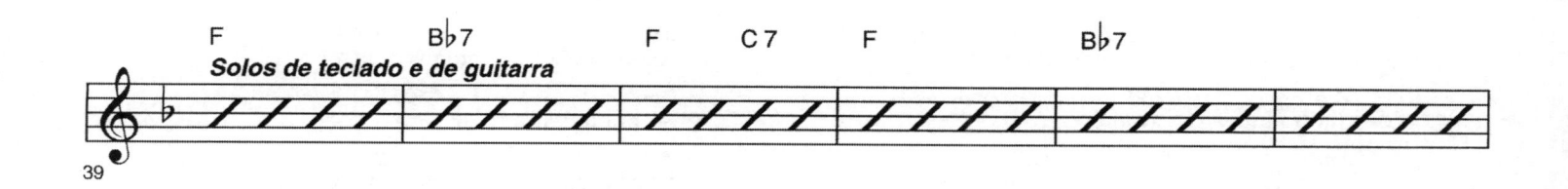

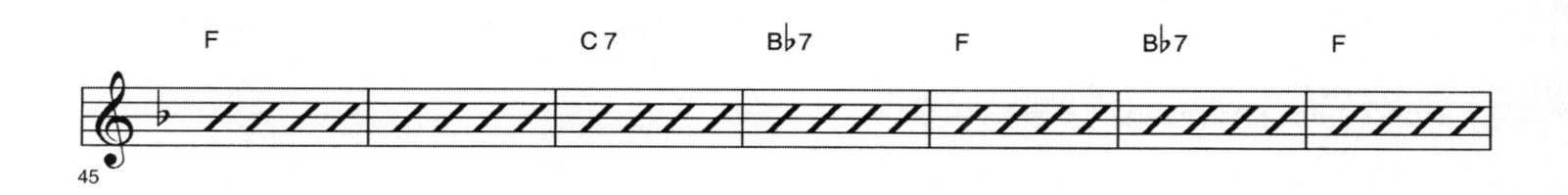

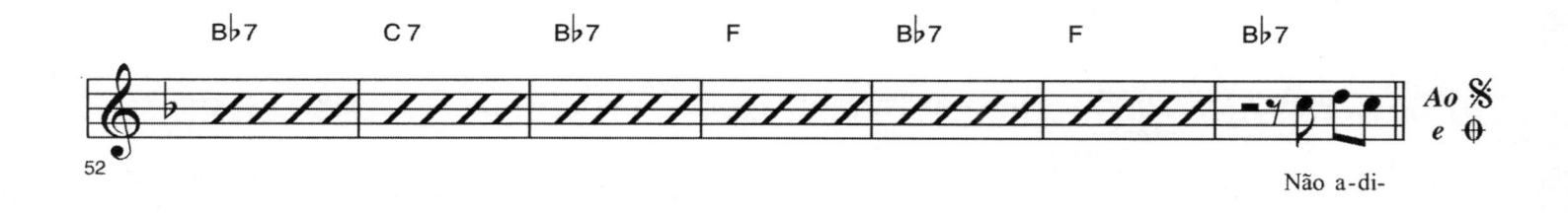

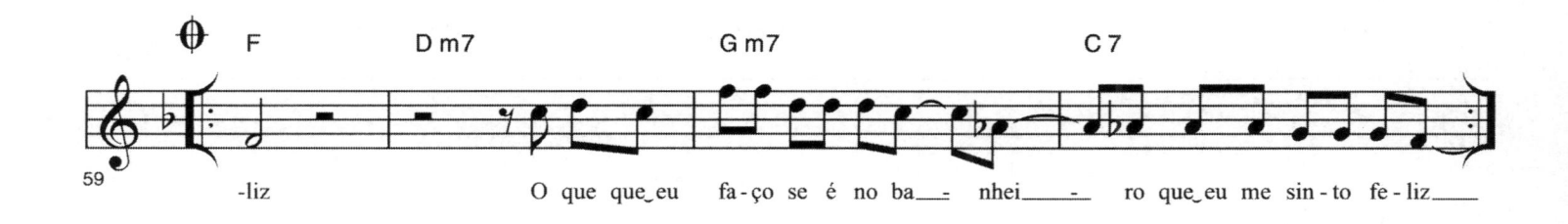

-lan - do que tá por um__ triz___ O que que_eu fa - ço se é no ba__ - nhei -

___ -ro que_eu me sin - to fe - liz___

1. Can-

Solos de teclado e de guitarra

Ao 𝄋 e 𝄌

Não a-di-

-liz O que que_eu fa - ço se é no ba__ - nhei__ - ro que_eu me sin - to fe - liz___

___ iz iz iz iz_____

Mania de você

RITA LEE e
ROBERTO DE CARVALHO

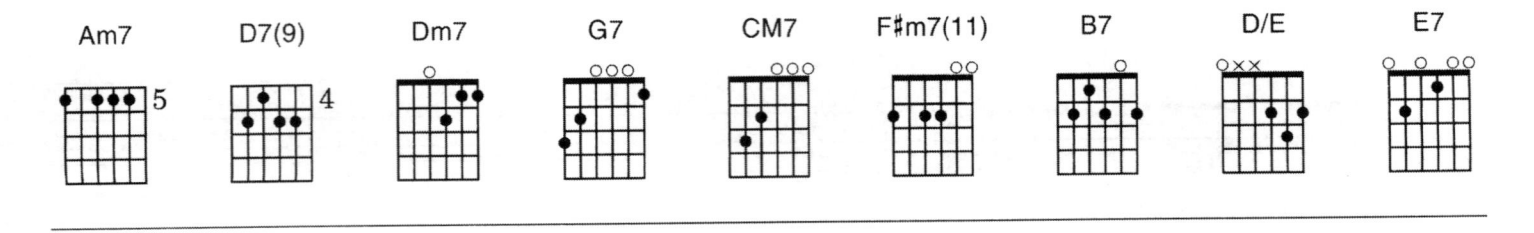

[Chord diagrams: Am7, D7(9), Dm7, G7, CM7, F#m7(11), B7, D/E, E7]

Introdução (4Xs): **Am7 D7(9)**

    Am7   **D7(9)**   **Am7 D7(9)**
Meu bem você me dá   água na boca
    Am7   **D7(9)**   **Dm7 G7**
Vestindo fantasias   tirando a rou__pa
    Dm7   **G7**   **CM7**
Molhada de suor   de tanto a gente se beijar
  F#m7(11)   **B7 D/E E7**
De tanto imaginar   loucu__ras

    Am7   **D7(9)**   **Am7 D7(9)**
A gente faz amor   por telepatia
    Am7   **D7(9)**   **Dm7 G7**
No chão, no mar, na lua,   na melodi__a
    Dm7   **G7**   **CM7**
Mania de você   de tanto a gente se beijar
  F#m7(11)   **B7 D/E E7**
De tanto imaginar   loucu__ras

Instrumental: **Am7 D7(9) Am7 D7(9)**

REFRÃO:
  Am7   **D7(9)**
Nada melhor do que não   fazer nada
  Am7   **D7(9)**
Só pra deitar e rolar   com você
  Am7   **D7(9)**
Nada melhor do que não   fazer nada
  Am7   **D7(9)**
Só pra deitar e rolar   com você

Vocalize: **Dm7 G7 Dm7 G7 CM7 F#m7(11)**
B7 D/E E7   Am7 D7(9) Am7 D7(9)

Meu bem você me dá água na boca *(etc.)*
...De tanto imaginar   loucuras

Refrão

Vocalize: **Am7 D7(9) Am7 D7(9)**
Repete ad libitum e fade out

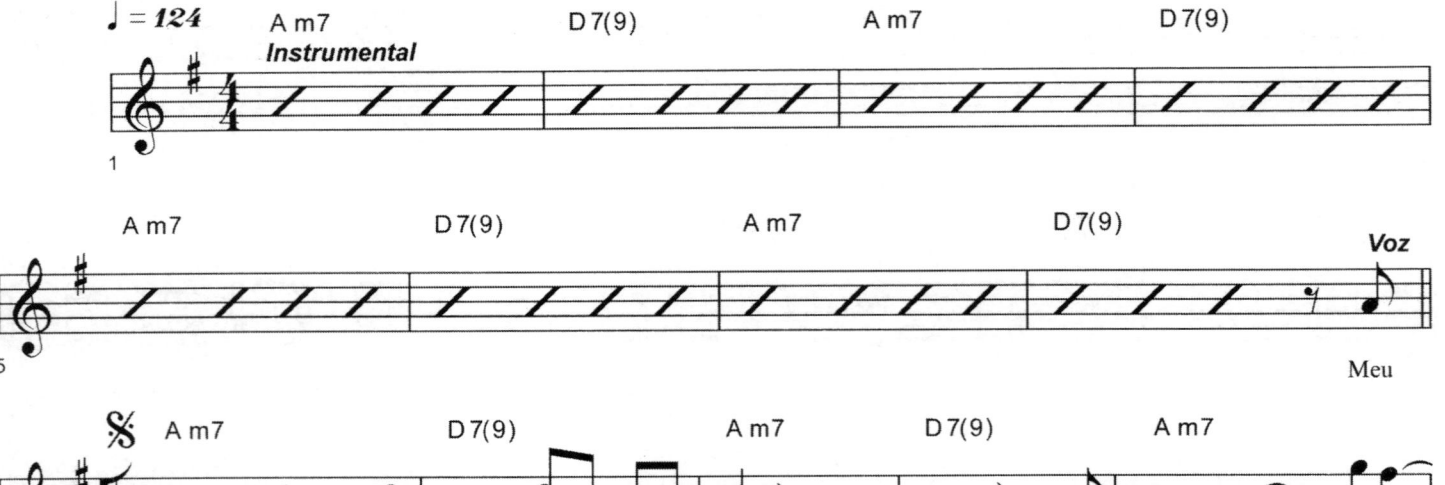

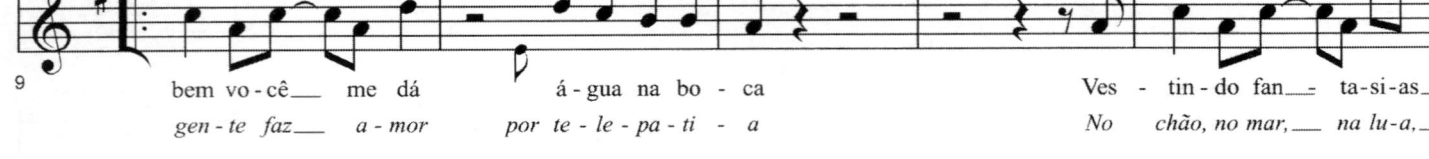

[Sheet music notation: ♩ = 124, 4/4 time signature in G major, Instrumental section with chord symbols Am7, D7(9) over slash rhythm notation, followed by vocal entry with lyrics:]

bem vo-cê__ me dá á-gua na bo-ca   Ves-tin-do fan-ta-si-as__
gen-te faz__ a-mor por te-le-pa-ti-a   No chão, no mar, na lu-a,__

Copyright © 1979 by WARNER CHAPPELL EDIÇÕES MUSICAIS LTDA.
Todos os direitos autorais reservados para todos os países. *All rights reserved.*

Sheet music excerpt (measures 14–47):

Measures 14–17 — Chords: D7(9) | Dm7 | G7 | Dm7
Lyrics (verse 1): ti-ran-do a rou-pa — Mo-lha-da de su-or
Lyrics (verse 2, italic): na me-lo-di-a — Ma-ni-a de vo-cê

Measures 18–21 — Chords: G7 | CM7 | (—) | F#m7(11)
Lyrics (verse 1): de tan-to a gen-te se bei-jar — De tan-to i-ma-gi-nar
Lyrics (verse 2, italic): de tan-to a gen-te se bei-jar — De tan-to i-ma-gi-nar

Measures 22–27 — Chords: B7 | D/E | E7 (1.) | E7 (2.) | Am7 **Instrumental** D7(9)
Lyrics (verse 1): lou-cu-ras A -ras
Lyrics (verse 2, italic): lou-cu-

Measures 28–31 — Chords: Am7 | D7(9) | Am7 | D7(9)
Lyrics: Na-da me-lhor do que não fa-zer na-da — Só pra dei-tar e ro-lar com vo-cê

Measures 32–36 — **Vocalize** — Chords: Dm7 | G7 | Dm7 | G7 | CM7

Measures 37–41 — Chords: F#m7(11) | B7 | D/E | E7

Measures 42–46 — Chords: Am7 | D7(9) | Am7 | D7(9) (1.) | D7(9) (2.)
Ao 𝄋 e 𝄌
Lyric pickup: Meu

Measures 47+ — *Rep. ad libitum* — **Vocalize** — Chords: Am7 | D7(9) | Am7 | D7(9)
Fade out

Aumenta que isso aí é Rock'n roll

CELSO BLUES BOY

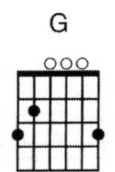

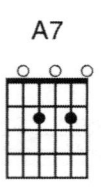

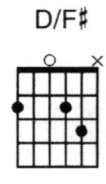

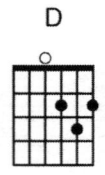

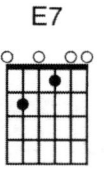

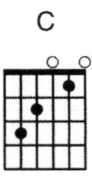

G   **A7**   **D/F#**   **D**   **E7**   **C**

Introdução: **G A7**

A7
Estava deitado, dormindo acordado
G   **D/F#**   **A7**
Sem ter nada o que fazer

Liguei o rádio no meio da noite
G   **D/F#**   **A7**
O ritmo do som   era pesado
D   **A7**   **D**   **A7**
Subi o volu__me, o vizinho gritou
G   **D/F#**   **A7**
Aumenta que isso aí   é rock'n roll
G   **D/F#**   **A7**
Aumenta que isso aí   é rock'n roll

REFRÃO:

             D   **A7**
Rock'n roll   rock'n roll   rock'n roll
             D   **A7**
Rock'n roll   rock'n roll   rock'n roll

A7
Era como um trem sacudindo a cabeça
G   **D/F#**   **A7**
Parado é que não da__va pra ficar

O guarda noturno, as meninas da esquina

G   **D/F#**   **A7**
Todo mundo que escutou
      D   **A7**   **D**   **A7**
Gritaram mais alto, ninguém segurou
G   **D/F#**   **A7**
Aumenta que isso aí   é rock'n roll
G   **D/F#**   **E7**
Aumenta que isso aí   é rock'n roll

Refrão

Solo de guitarra: **D A7 D A7**
C D A7 C D A7 C D A7

Estava deitado dormindo acordado...
...Aumenta que isso aí é rock'n'roll

Era como um trem sacudindo a cabeça...
...Aumenta que isso aí é rock'n'roll

Refrão

Refrão N.C. (bateria e voz)

Refrão e improviso de guitarra (4Xs)

Refrão N.C. (bateria e voz) e fade out

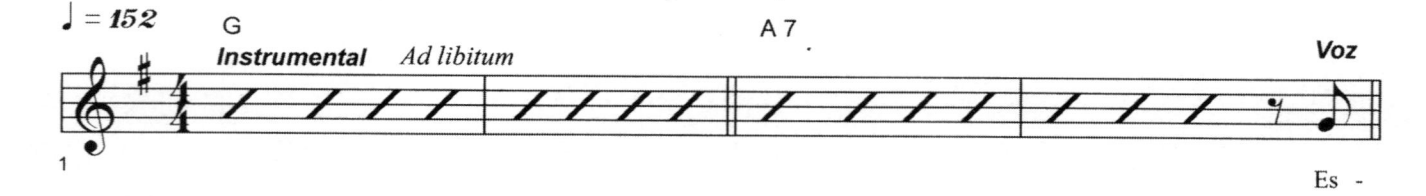

Copyright © 1984 by WARNER CHAPPELL ED. MUSICAIS LTDA.
Todos os direitos autorais reservados para todos os países. *All rights reserved.*

A7 G D/F♯ A7
9
Li-guei o rá- dio no mei-o da noi- te O ri-t-mo do som e-ra pe-sa-do Su-
D A7 D A7 G D/F♯ A7
13
-bi o vo-lu- me, o vi-zi-nho gri-tou Au-men-ta que_is-so_a-í é rock' n' roll Au-
G D/F♯ E7 D
17
-men-ta que_is-so_a-í é rock' n' roll Rock' n' roll Rock' n' roll
A7 1. 2. A7
21
Rock' n' roll Rock' n' roll E-ra co-mo_um trem sa-cu-din-do_a ca-be-ça Pa-
G D/F♯ A7 A7
26
-ra-do_é que não da- va pra fi-car O guar-da no-tur- no, as me-ni-nas da_es-qui- na
G D/F♯ A7 D A7 D A7
30
To-do mun-do que es-cu-tou Gri-ta-ram mais al- to, nin-guém se-gu-rou Au-
G D/F♯ A7 G D/F♯ E7
34
men-ta que_is-so_a-í é rock' n' roll Au-men-ta que_is-so_a-í é rock' n' roll Rock' n' roll
D A7 1.
38
Rock' n' roll Rock' n' roll Rock' n' roll

-ta-va dei-ta-do, dor-min-do a-cor-da-do   Sem ter na-da o que fa-zer

Li-guei o rá-dio no mei-o da noi-te   O ri-t-mo do som__ e-ra pe-sa-do   Su-

-bi o vo-lu-me, o vi-zi-nho gri-tou   Au-men-ta que isso aí__ é rock' n' roll   E-

roll   Rock' n' roll   Rock' n' roll   Rock' n' roll   Rock' n' roll

4X ... Rock' n' roll

N.C. *Rep. ad libitum*

Rock' n' roll   Rock' n' roll   Rock' n' roll

Fade out

Pelados em Santos

DINHO

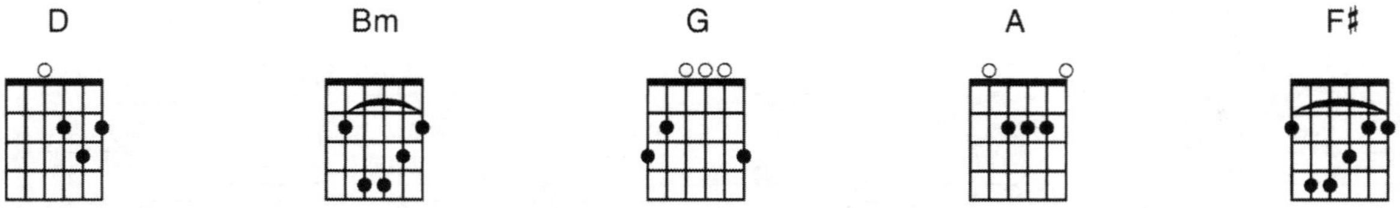

[Chord diagrams: D, Bm, G, A, F#]

Introdução: **D Bm G A**

D
Mina
Bm
Seus cabelos é da hora
G
Seu corpo é um violão
A
Meu docinho de coco
D
Tá me deixando lou__co

Bm
Minha Brasília amarela
G
Tá de portas abertas
A
Pra amor da gente se amar
D
Pelados em San_tos

Bm
Pois você é minha Pitchula
G
Me deixa legalzão
A
Não me sinto sozinho
D
Você é meu chuchuzinho
Bm   **G   A G F#**
Miu_sique is very gudi

               G   **A G F#**
Mas comigo ela não quer se casar
               G
Na Brasília amarela com roda gaúcha
          A G F#
Ela não quer entrar
              G
É feijão com jabá desgraçada
G
Não quer compartilhar
    A
Mas ela é linda
Muito mais do que linda
Very very beautiful
              D
Você me deixa doidão

Bm
Oh yes
G
Oh nos
      A   **D**
Meu docinho de co_co
Bm   **G   A G F#**
Miu_sique is very porreta

              G   **A G F#**
Pros Paraguai ela não quis viajar
Comprei um Reebok
            G   **A G F#**
Uma calça Fiorucci ela não quer usar
            G
Eu não sei o que faço
            G
Pra essa mulher eu conquistar
       A
Por que ela é linda
Muito mais do que linda
Very very beautiful
              D
Você me deixa doidão

Bm
Oh, yes
G   **A**
Oh, nos
            D
Meu chuchuzi_nho
Bm
Oh, yes
        G   A
No no no nos
           D
Eu te ai loviu

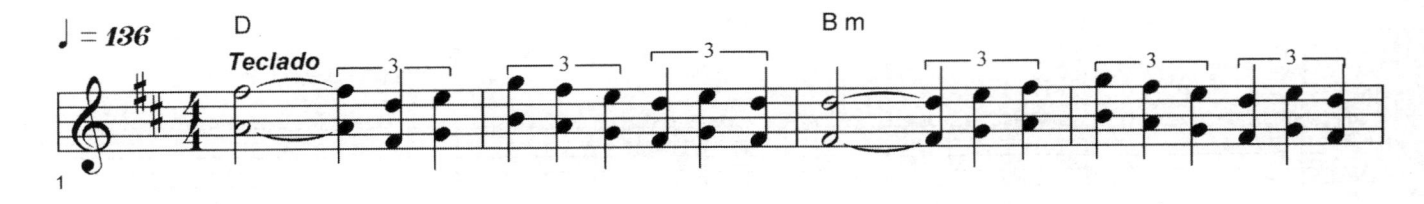

[Sheet music notation: ♩ = 136, Teclado, 4/4 time, key of D major, with chords D, Bm, G, A]

Copyright © 1995 by EDIÇÕES MUSICAIS TAPAJÓS LTDA.
Todos os direitos autorais reservados para todos os países. *All rights reserved.*

D Voz Bm G
Mi-na Seus ca-be-lo‿é da ho-ra Seu cor-po‿é‿um vi-o - lão
A D
Meu do-ci-nho de co-co Tá me dei-xan-do lou — - co — Minha Bra-sí-lia‿a-ma-
Bm G A
-re-la Tá de por-tas a - ber-tas Pra‿a-mor-d'a gen-te se‿a - mar Pe -
D Bm
-la-dos — em — San — - tos — Pois vo-cê‿é m'nha Pi - tchu-la Me dei-xa le-gal-
G A D
-zão Não me sin-to so - zi-nho Vo-cê é meu chu-chu - zi-nho —
Bm G A A G
Miu — - si-que Is ve ry gu-di
F♯ G A G
Mas co — - mi — - go e-la não quer se ca-sar
Pros Pa - ra — - guai — e - la não quis vi - a - jar
F♯ G A G
Na Bra - sí - lia‿a-ma - re - la-com ro-da ga - ú - cha‿e-la não quer en - trar
Com-prei um Ree - bok U - ma cal-ça Fio - ru-cci‿e-la não quer u - sar

49
É fei-jão com ja-bá des-gra-ça-da quer com-par-ti-lhar
Eu não sei o que fa-ço Pra es-sa mu-lher eu con-quis-tar

52
Mas e-la é lin-da Mui-to mais do que lin-da Ve-ry ve-ry beau-
Por-que e-la é lin-da Mui-to mais do que lin-da Ve-ry ve-ry beau-

57
-ti-ful Vo-cê me dei-xa doi-dão Oh, yes
-ti-ful Vo-cê me dei-xa doi-dão

64
Oh, nos Meu do-ci-nho de co-co

70
Miu-si-que Is ve-ry por-re-ta

77
Oh, yes Oh, nos

83
Meu chu-chu-zi-nho Oh, yes No no no

88
nos *rall.* Eu te ai lo-vi-u

Nós vamos invadir sua praia

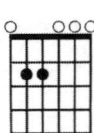

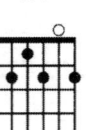

ROGER

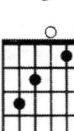

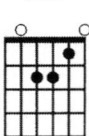

Introdução: **Em**

      Em
Daqui do morro dá pra ver tão legal

O que acontece aí no seu litoral

     Am
Nós gostamos de tudo, nós queremos é mais

  Em
Do alto da cidade até a beira do cais

B7   *Am*
Mais do que um bom bronzea__do

            Em
Nós queremos estar do seu lado

        Em
Nós "tamo" entrando sem óleo nem creme

Precisando, a gente se espreme

 Am
Trazendo a farofa e a galinha

Em
Levando também a vitrolinha

 B7   *Am*
Separa um lugar nessa arei__a

  Em
Nós vamos chacoalhar a sua aldeia

REFRÃO (2Xs):

 Em
Mistura sua laia

Foge da raia

Sai da tocaia

Pula na baia

 C   *B7*   *Em*
Ago_ra nós "vamo" invadir sua prai__a

C B7   *Em*
Sua prai__a
C B7   *Em*
Sua prai__a

Solo de guitarra: **Em Am Em B7 Am Em**

  Em
Ago__ra se você vai se incomodar

Então melhor se mudar

         Am
Não adianta nem nos desprezar

        Em
Se a gente acostumar a gente vai ficar

 B7   *Am*
A gente tá querendo variar

                  Em
E a sua praia vem bem a calhar

 Em
Não precisa ficar nervoso

Pode ser que você ache gostoso

       Am
Ficar em companhia tão saudável

Em
Pode até lhe ser bastante recomendável

 Bm   *Am*
A gente pode te cutucar

                Em
Não tenha medo, não vai machucar

Refrão

C B7   *Em*
Sua prai__a
C B7
"Vamo" invadir!

Solo de guitarra: **Em C B7 Em**
Em C B7 Em C B7 Em C B7

Refrão

Final:

C B7   *Em*
Sua prai__a
C B7
"Vamo" invadir!
Em
Oh! Oh! Oh! Oh!
fade out

♩ = 168
Em
Instrumental
1.
2.
Voz
Em
Da - qui do mor-ro dá pra ver tão le-gal O que‿a-con - te-ce‿a-í no seu li-to-ral Nós gos -
Am
Em
-ta-mos de tu - do, nós que - re-mos é mais Do al-to da ci-da-de‿a-té a bei-ra do cais
B7
Am
Em
Mais do que um bom bron-ze-a - do Nós que-re-mos es-tar do seu la - do Nós "ta-mo"‿en -
Em
-tran-do sem ó - leo nem cre - me Pre - ci-san-do‿a gen-te se‿es-pre - me Tra -
Am
Em
-zen-do‿a fa-ro - fa‿e‿a ga-li - nha Le - van-do tam-bém a vi-tro - li - nha Se -
B
Am
Em
-pa-ra‿um lu-gar nes-sa‿a-rei - a Nós va-mos cha-coa-lhar a sua‿al-dei - a Mis -

-tura sua lai-a   Foge da rai-a   Sai da tocai-a   Pula na bai-a A-go-ra nós "va-mo" invadir sua prai-a   Mis-

Sua prai-a

Sua prai-a

A-go-ra se você vai se incomodar   Então é melhor se mudar   Não adianta nem nos desprezar   Se a gente acostumar a gente vai ficar   A gente tá querendo variar   E a sua praia vem bem a calhar   Não precisa ficar nervoso   Pode ser que você ache gostoso   Fi-

-car em com-pa-nhi-a__ tão sau__-dá__-vel__ Po-de a-té lhe ser bas-tan-te re-co-men-dá__-vel A

gen-te po-de te cu-tu-car____ Não te-nha me-do, não vai____ ma-chu-car____ Mis-

"Va-mo" in-va-dir!

Solo de guitarra

Mis-

-tu-ra sua lai__-a__ Fo-ge da rai__-a__ Sai da to-cai__-a__ Pu-la na bai__-a A__ go-

__-ra__ "va-mo" in-va-dir__ sua__ prai__-a__ Mis-

Sua__ prai__-a__ Nós "va-mo" in-va-dir!

Rep. ad libitum

Oh! Oh! Oh! Oh! Oh! Oh! Oh! Oh!

Fade out

Tempos modernos

LULU SANTOS

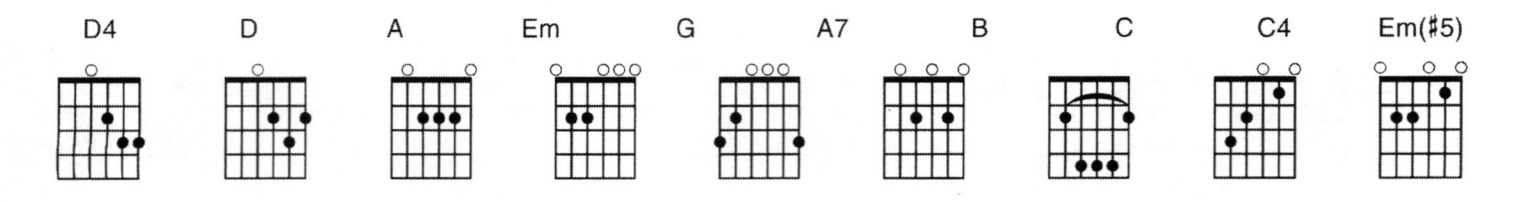

Chord diagrams: D4, D, A, Em, G, A7, B, C, C4, Em(#5)

Introdução: **D4 D D4 D A**

```
 Em        G          D         A7
  Eu vejo a vida melhor  no futu_ro
 Em        G          D         A7
  Eu vejo isso por ci_ma de um muro
         G      B  Em       C        D4 D
  De hipocrisia    que insiste em nos rodear
 Em        G          D         A7
  Eu vejo a vida mais cla_ra e far_ta
 Em        G          D         A7
  Repleta de toda sa_tisfação
         G      B  Em       C        D4 D D4 D A
  Que se tem direito do   firmamen_to ao chão
 Em        G          D         A7
  Eu quero crer  no amor  numa bo_a
 Em        G          D         A7
  Que isso valha pra qual_quer pessoa
         G      B  Em       C        D4 D
  Que realizar  a for__ça que tem uma paixão
 Em        G          D         A7
  Eu vejo um novo come_ço de e_ra
 Em        G          D         A7
  De gente fina, elegan_te e sincera
         G     B   Em       C       D4     D
  Com habilidade pra  dizer mais sim do que não, não, não
```

```
     D4  D     C4    C  C4      C       Em(5#) Em
  Hoje o tempo voa amor,    escorre pelas mãos
  Em(5#)      Em         D4  D
  Mesmo sem se sentir
          D4    D      C4    C
  E não há tempo que volte amor
     C4        C           Em(5#)   Em
  Va_mos viver tudo que há   pra viver
  Em(5#)      Em        D4 D D4 D A
  Vamos nos permitir

  Eu quero crer no amor numa boa (etc.)
```

Frase de teclado: **D4 D D4 D**
                 C4 C C4 C Em(5#)
                 Em Em(5#) Em

Repete ad libitum e fade out

♩ = 118 **D4 D** **Instrumental (guitarra com slide)** 𝄋 **A**

Em G D A7 Em G D A7
Voz

Eu ve-jo_a vi-da me-lhor____ no fu-tu__-ro____ Eu ve-jo is-so por ci____-ma de_um mu-ro De hi-
Eu que-ro crer no a-mor____ nu-ma bo__-a____ Que is-so va-lha pra qual____-quer pes-so-a Que re-

Copyright © 1981 by WARNER CHAPPELL EDIÇÕES MUSICAIS LTDA.
Todos os direitos autorais reservados para todos os países. *All rights reserved.*

-po - cri - si - a que___ in - sis - te_em nos ro - de - ar___ Eu ve - jo_a vi - da mais cla__
-a - li - zar__ a for__ - ça que tem u - ma pai - xão___ Eu ve - jo_um no - vo co - me__

___ -ra e far__ - ta__ Re - ple - ta de to - da sa__ - tis - fa - ção__ Que se
___ -ço de e__ - ra__ De gen - te fi - na,_e - le - gan__ - te_e sin - ce - ra Com ha -

tem di - rei - to do___ fir - ma - men__ - to ao chão
-bi - li - da - de pra___

__ di - zer mais sim do que não,___ não, não__ Ho - je_o tem - po vo - a_a - mor,__

es - cor - re pe - las mãos___ Mes - mo sem se sen - tir___ E não

há tem - po que vol - te_a - mor___ Va__ - mos vi - ver tu - do que há__

__ pra vi - ver__ Va - mos nos per - mi - tir___

Rep. ad libitum
Teclado

Fade out

Corações psicodélicos

LOBÃO, JÚLIO BARROSO e
BERNARDO VILHENA

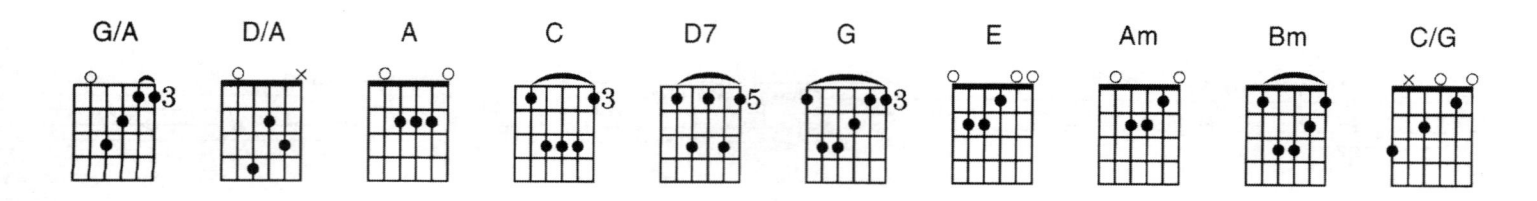

[Chord diagrams: G/A, D/A, A, C, D7, G, E, Am, Bm, C/G]

Introdução (4Xs): **G/A D/A A D/A A D/A A**

G   D7   G   C
   Ainda me lembro daquele beijo espanque punk vi_olento
G   C   G   C   E
   Iluminando o céu cinzento, eu quero você inteira
Am   D7   G   C
   Gosto muito do seu jeito qualquer nota bos_sa nova
G   C   G   C   E
   Bossa nova qualquer nota, eu quero você na veia

Am   D7
   E a vida passa na TV
Bm
   E o meu caso é com você
Am   D7   Bm
   Fico louco sem saber
Am   D7
   Sim pro sol, sim pra lua
Bm
   Eu quero você toda nua
Am   D7   G   C/G G
   Sim pra tudo que você quiser

Instrumental (4Xs): **G/A D/A A D/A A D/A A**

G   D7   G   C
   Gosto muito do seu jeito rock'n roll meio nonsense
G   C
   Rock'n roll meio nonsense
G   C
   Pra acabar com essa inocência
G   C   G   C   E
   E o complexo de decência no meio do salão

Solo de guitarra: **Am D7 G C G C G C E**

   E a vida passa na TV *(etc.)*

C   D7   G   C
   Hoje é festa na floresta, toda tribo atei_a som
G   C
   Toda taba ateia sol
G   C
   Só tomando água de coco
G   C   G   C   E
   Infeliz de quem tá triste no meio dessa confusão

Solo de sax: **Am D7 G C G C G C E**

♩ = 135

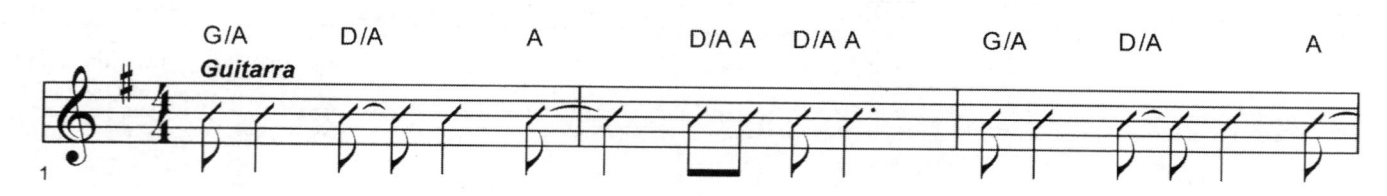

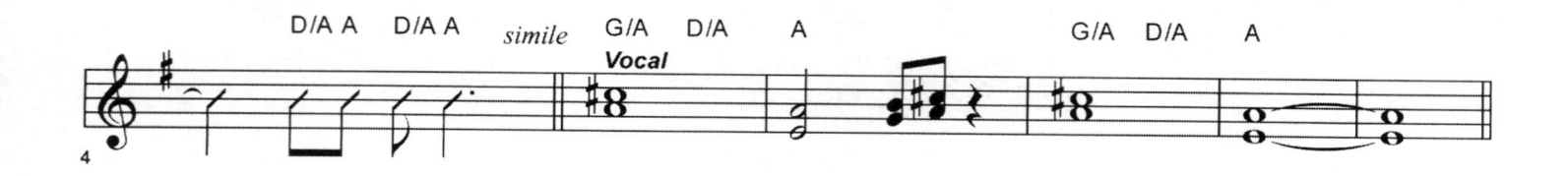

[Sheet music notation with chord markings: G/A D/A A D/A A D/A A G/A D/A A — Guitarra; D/A A D/A A simile G/A D/A A G/A D/A A — Vocal]

Copyright © by BMG MUSIC PUBLISHING BRASIL LTDA.
Todos os direitos autorais reservados para todos os países. *All rights reserved.*

Ainda me lembro daquele beijo espanque punk violento Iluminando o céu cinzento, eu quero você inteira ah

Gosto muito do seu jeito qualquer nota bossa nova Bossa nova qualquer nota, eu quero você na veia ah

E a vida passa na tevê E o meu caso é com você Fico louco sem saber Sim pro sol, sim pra lua Eu quero você toda nua Sim pra tudo que você quiser

simile G/A D/A A G/A D/A A C D7
Vocal
50
Gos - to mui - to do seu jei - to
G C G C G
57
rock'n roll mei - o non - sense Ro - ck'n roll mei - o non - sense Pra a - ca - bar com es -
C G C G C E
62
-sa i - no - cên - cia E o com - ple - xo de de - cên - cia no mei - o do sa - lão
Am D7 G C G C G C E
Solo de guitarra
69
Ao 𝄋 e 𝄌
C D7 G C
79
Ho - je é fes - ta na flo - res - ta, to - da tri - bo a tei - a som
G C G C
83
To - da ta - ba a - tei - a sol Só to - man - do á - gua de co - co
G C G C E
87
In - fe - liz de quem tá tris - te no mei - o des - sa con - fu - são
Am D7 G C G C G C E
Solo de sax
93
Fade out

Panis et circenses

CAETANO VELOSO e
GILBERTO GIL

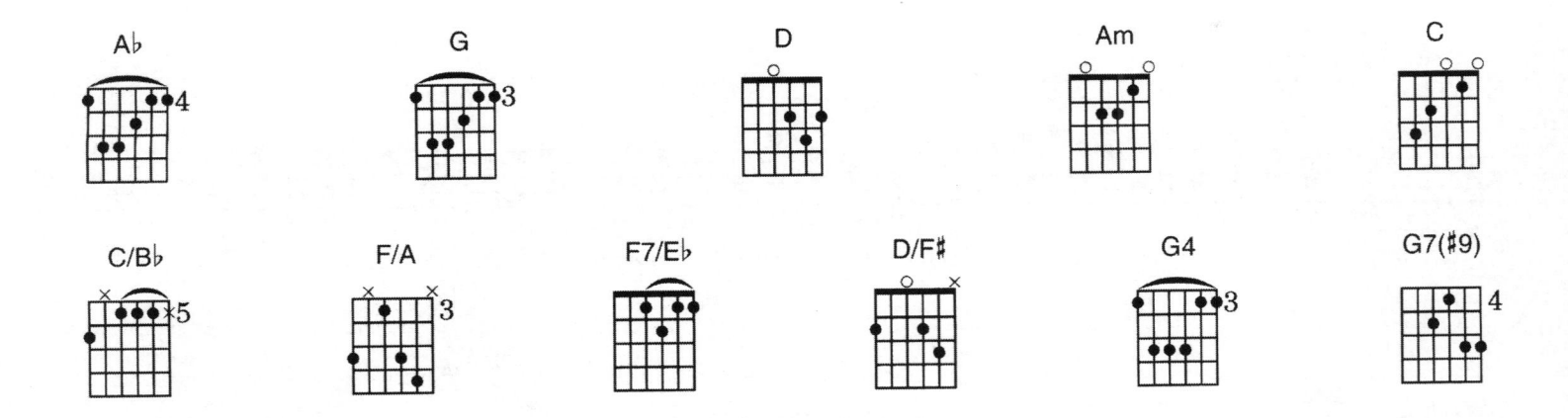

Introdução: A♭

```
     G      D
Eu quis cantar
Am      C            G     D
Minha canção iluminada de sol
Am         C                    G    D
Soltei os panos sobre os mastros no ar
Am           C                  G    D
Soltei os tigres e os leões nos quintais
Am          C                G   D
Mas as pessoas na sala de jantar
Am         C              D C Am  D  G
São ocupadas em nascer      e morrer

     G      D
Mandei fazer
Am       C              G   D
De puro aço luminoso punhal
Am       C             G   D
Para matar o meu amor e matei
Am         C              G   D
Às cinco horas na Avenida Central
Am          C                G   D
Mas as pessoas na sala de jantar
Am         C              D C Am  D  G
São ocupadas em nascer      e morrer

    G
Mandei plantar
C                           G
Folhas de sonho no jardim do solar
C                              G
As folhas sabem procurar pelo sol
C                         G
E as raízes procurar, procurar
```

```
     C             G    D
Mas as pessoas na sala de jantar
Am         C          G    D
Essas pessoas na sala de jantar
Am         C          G    D
São as pessoas da sala de jantar
Am         C          G    D
Mas as pessoas na sala de jantar
Am         C              D C Am  D  G
São ocupadas em nascer      e morrer
```

Instrumental: C C/B♭ F/A F7/E♭ D/F♯
             G4 G G4 G G4 G

Sete vezes:
```
    G4                   G7(♯9)
Essas pessoas na sala de jantar
    G                    C
Essas pessoas na sala de jantar
```

```
          C            G  C  G4
FINAL:  Essas pessoas
```

Cra cra cra cra Su zu zi iu zi iu ziu Cra cra cra cra su zu zi iu zi iu ziu Cra cra cra cra___

Eu quis can-tar Mi-nha can-ção i-lu-mi-na-da de sol Sol-tei os pa-nos so-bre os
Man-dei fa-zer De pu-ro a-ço lu-mi-no-so um pu-nhal Pa-ra ma-tar o meu a-

mas-tros no ar Sol-tei os ti-gres e os le-ões nos quin-tais Mas as pes-so-as na sa-
-mor e ma-tei Às cin-co ho-ras na A-ve-ni-da Cen-tral

-la de jan-tar São o-cu-pa-das em nas-cer e e mor-rer___

Man-dei plan-tar Fo-lhas de so-nho no jar-dim do so-lar As fo-lhas sa-bem pro-cu-rar pe-lo sol

E as ra-í-zes pro-cu-rar, pro-cu-rar Mas as pes-so-as na sa-la de jan-tar Es-sas pes-so-as da sa-

Copyright © by WARNER CHAPPELL EDIÇÕES MUSICAIS LTDA.
Todos os direitos autorais reservados para todos os países. All rights reserved.

G D Am C G D Am C G D
-la de jan - tar São as pes-so-as da sa - la de jan - tar Mas as pes-so-as na sa - la de jan-tar
Am C D C Am D G
Vocal
São o-cu-pa-das em nas - cer e e e mor-rer
rall.
lento
C C/B♭ F/A F7/E♭ D D/F♯ G4 G G4 G G4 G
Violino
G4 G7(♯9) G C
Voz
Es-sas pes-so-as na sa - la de jan - tar Es-sas pes-so-as na sa - la de jan - tar
accel. sempre
G C G
Vocal
Es - sas pes - so - as na sa - la de jan - tar Es - sas pes - so - as na sa -
C G C
-la de jan - tar Es - sas pes - so - as na sa - la de jan - tar
5X
G C G
Es - sas pes - so - as na sa - la de jan - tar Es - sas pes - so - as na sa -
C G C G4
-la
a a a a a a a a a a a a a a a

E.C.T.

**MARISA MONTE, NANDO REIS e
CARLINHOS BROWN**

```
      E7              D7
Tava com um cara que carimba postais
      E7                            D7
Que por descuido abriu uma carta que voltou
     E7                       D7
Tomou um susto que lhe abriu a boca
      E7                           D7
Esse recado vem pra mim, não pro senhor

      E                              F
Recebo craque, colante, dinheiro parco embrulhado
      E                            F
Em papel carbono e barbante, até cabelo cortado
      E                       F
Retrato de 3x4 pra batizado distante
                              E
Mas isso aqui, meu senhor, é uma carta de amor

   E                    Dm
Levo o mundo e não vou lá
   E                    Dm
Levo o mundo e não vou  lá
   E                    Dm
Levo o mundo e não vou  lá
   E                 Dm
Levo o mundo e não vou

      E7                  D7
Mas este cara tem a lingua solta
     E7              D7
A minha carta ele musicou
     E7                  D7
Tava em casa, a vitamina pronta
     E7                       D7
Ouvi no rádio a minha carta de amor

         E                           F
Dizendo eu caso contente, papel passado e presente
         E                         F
Desembrulhado o vestido, eu volto logo, me espera
      E                            F
Não brigue nunca comigo, eu quero ver nosso filho
                                  E
O professor me ensinou a fazer uma carta de amor

   E                   Dm
Leve o mundo que eu vou já
   E                   Dm
Leve o mundo que eu vou  já
   E                   Dm
Leve o mundo que eu vou  já
   E                 Dm
Leve o mundo que eu vou
```

♩ = 120

E7
Ta-va com um ca-ra que ca-rim-ba pos-tais
ca-ra tem a lín-gua sol-ta

D7
Que por des-cui-do a-briu u-ma car-ta que vol-tou
A mi-nha car-ta e-le mu-si-cou

E7 ... **D7** ... **E7**
To-mou um sus-to que lhe a-briu a bo-ca
Ta-va em ca-sa, a vi-ta-mi-na pron-ta

D7 ... **E7** ... **D7** ... **E**
Es-se re-ca-do vem pra mim, não pro se-nhor Re-ce-bo cra-que, co-lan-te, di-nhei-ro
Ou-vi no rá-dio a mi-nha car-ta de a-mor Di-zen-do eu ca-so con-ten-te, pa-pel pas-

F ... **E** ... **F**
par-co em bru-lha-do Em pa-pel car-bo-no e bar-ban-te, a-té ca-be-lo cor-ta-do Re-tra-to
do e pre-sen-te De-sem-bru-lha-do o ves-ti-do, eu vol-to lo-go, me es-pe-ra Não bri-gue

E ... **F**
de três por qua-tro pra ba-ti-za-do dis-tan-te Mas is-so a-qui, meu se-nhor, é u-ma
nun-ca co-mi-go, eu que-ro ver nos-so fi-lho O pro-fes-sor me en-si-nou a fa-zer u-ma

E ... **E** ... **Dm** ... **E** ... **Dm**
car-ta de a-mor Le-vo o mun-do e não vou lá Le-vo o mun-do e não vou lá
car-ta de a-mor Le-ve o mun-do que eu vou já Le-ve o mun-do que eu vou já

E ... **Dm** ... **E** ... **Dm**
Le-vo o mun-do e não vou lá Le-vo o mun-do e não vou Mas es-se
Le-ve o mun-do que eu vou já Le-ve o mun-do que eu vou

Ao 𝄋 e Fim — Fim

Copyright © 1995 by WARNER CHAPPELL EDIÇÕES MUSICAIS LTDA.
Copyright © by MONTE SONGS EDIÇÕES MUSICAIS LTDA.
Copyright © by PEER MUSIC DO BRASIL EDIÇÕES MUSICAIS LTDA.
Todos os direitos autorais reservados para todos os países. *All rights reserved.*

Infinita highway

HUMBERTO GESSINGER

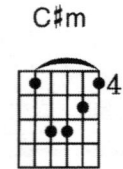

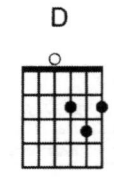

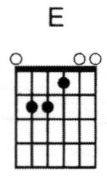

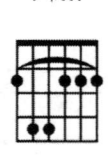

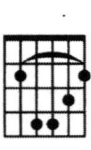

[Chord diagrams: A, C#m, D, E, F#m, Bm]

Introdução (4Xs): **A C#m D E**

   A   C#m
Você me faz correr demais
 E
Os riscos desta highway
   A   C#m
Você me faz correr atrás
 E
Do horizonte desta highway
   A   C#m
Ninguém por perto, silêncio no deserto
 E
Deserta highway
   A   C#m
Estamos sós e nenhum de nós
 E
Sabe exatamente onde vai parar

  D   E
Mas não precisamos saber pra onde vamos
F#m
Nós só precisamos ir
  D   E
Não queremos ter o que não temos
F#m
Nós só queremos viver
  D   E
Sem motivos nem objetivos
   A   C#m   F#m
Estamos vivos isto é tudo
    D
É sobretudo a lei
E   A   C#m D E
Da infinita high_way

   A   C#m
Quando eu vivia e morria na cidade
 E
Eu não tinha nada, nada a temer
      A   C#m
Mas eu tinha medo, o me__do desta estrada
 E
Olhe só, veja você

   A   C#m
Quando eu vivia e morria na cidade
 E
Eu tinha de tudo, tudo ao meu redor
        A   C#m
Mas tudo que eu sentia era que algo me faltava
 E
E à noite eu acordava banhado em suor

  D   E
Não queremos lembrar o que esquecemos
F#m
Nós só queremos viver
  D   E
Não queremos aprender o que sabemos
F#m
Não queremos nem saber
  D   E
Sem motivos nem objetivos
   A   C#m   F#m
Estamos vivos e é só
           D E
Só obedecemos a lei
              A
Da infinita high_way
C#m   D   E
Highway, ô highway

   A   C#m
Escute garota, o vento canta uma canção
 E
Dessas que a gente nunca canta sem razão
   A   C#m
Me diga, garota: "Será a estrada uma prisão?"
 E
Eu acho que sim, você finge que não
   A   C#m
Mas nem por isso ficaremos parados
 E
Com a cabeça nas nuvens e os pés no chão
A   C#m
Tudo bem, garota, não adianta mesmo ser livre
 E
Se tanta gente vive sem ter como viver

```
      D                E
Estamos sós e nenhum de nós
      F#m
Sabe onde quer chegar
      D             E
Estamos vivos sem motivos
         F#m
Que motivos temos pra estar?
      D              E
Atrás de palavras escondidas
         A         C#m      F#m       D
Nas entrelinhas do horizonte desta highway
E            A       C#m    D E A C#m D E
Silenciosa high_way, highway

       A              C#m
Eu vejo o horizonte trê__mulo
      D            E
Eu tenho os olhos úmidos
       A                    C#m
Eu posso estar completamen_te enganado
       D                 E
Eu posso estar correndo pro lado errado
       A              C#m
Mas a dúvida é o preço da pureza
    D         E
E é inútil ter certeza
      A               C#m
Eu vejo as placas dizendo não corra
D           E
Não morra,   não fume
      A             C#m
Eu vejo as placas cortando o horizonte
     D             E
Elas parecem facas de dois gumes
```

Instrumental: **D E F#m D E F#m**
D E A C#m F#m D E A C#m D E

```
             A                         C#m
Minha vida é tão confusa quanto a América Central
              E
Por isso não me acuse de ser irracional
       A             C#m
Escute garota, façamos um trato
               E
Você desliga o telefone se eu ficar muito abstrato
     A                   C#m              E
Eu pos_so ser um Beatle, um beatnik ou um bitolado
      A               C#m              E
Mas eu não sou ator, eu não tô à toa do teu lado
          A           C#m
Por isso, garota, façamos um pacto:
          E
De não usar a highway pra causar impacto

D
 Cento e dez
E
 Cento e vinte
F#m
 Cento e sessenta
     D       E           F#m
Só pra ver até quando o motor agüenta
    D                     E
Na boca, em vez de um beijo, um "chicle" de menta
A    Bm              C#m              D E
E a sombra de um sorriso que eu deixei
                    C#m       D  C#m
Numas das curvas da highway,   highway
E          C#m      D  C#m  E A
Infinita high__way,   highway
```

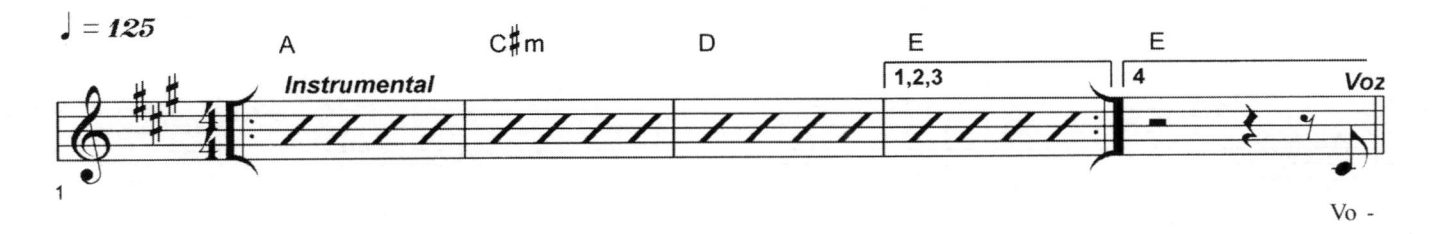

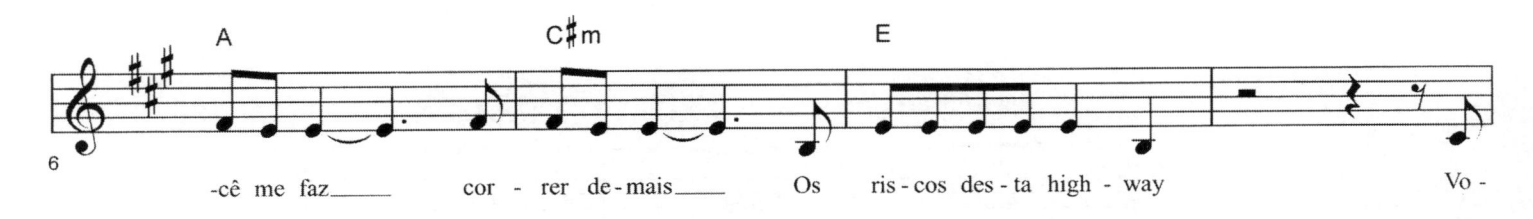

♩ = 125

Copyright © 1987 by WARNER CHAPPELL EDIÇÕES MUSICAIS LTDA.
Todos os direitos autorais reservados para todos os países. *All rights reserved.*

-guém por per - to, si - lên - cio no de - ser - to De - ser - ta high_____ way Es-

-ta - mos sós_____ e ne - nhum de nós Sa - be e - xa - ta - men - te on - de vai pa - rar_____

Mas não pre - ci - sa - mos sa - ber pra on - de va - mos Nós só pre - ci - sa - mos ir Não que - re_____ mos

ter o que não te - mos Nós só que - re - mos vi - ver Sem mo - ti____ vos nem o - b - je - ti____ vos Es-

-ta - mos vi - vos is - to é tu - do É so - bre - tu - do a - lei Da in - fi - ni - ta high_____- way_____

Quan - do eu vi - vi - a e mor - ri - a na ci - da - de Eu_____

_____ não ti - nha na - da, na - da a te - mer Mas_____ eu ti - nha me - do, o me____- do des - ta es - tra - da O - lhe só,

ve - ja vo - cê Quan - do eu vi - vi - a e mor - ri - a na ci - da - de Eu_____ ti - nha de tu - do, tu - do ao meu re - dor Mas tu-do que eu sen-ti-a e-ra que al-go me fal-ta-va E à noi-te eu a-cor-da-va ba-nha-do de su-or

Não que-re-mos lem-brar o que es-que-ce-mos Nós só que-re-mos vi-ver___ Não que-re-mos a-pren-

-der o que sa-be-mos Não que-re-mos nem sa-ber___ Sem mo-ti-vos nem o-b-je-ti-vos Es-

-ta-mos vi-vos e é só Só o-be-de-ce-mos a lei Da in-fi-ni-ta high___-way___

High-way,___ ô high-way___ Es-cu-te, ga-ro-ta, o ven-to can-ta u-ma can-ção___

Des-sas que q gen-te nun-ca can-ta sem ra-zão Me di-ga, ga-ro-ta, se-rá a es-tra-da u-ma pri-são?___ Eu

a-cho que sim, vo-cê fin-ge que não___ Mas nem por-is-so fi-ca-re-mos pa-ra-dos Com a ca-

-be-ça nas nu-vens e os pés no chão___

Falando: Tudo bem, garota, não adianta mesmo ser livre

Se tan-ta gen-te vi-ve sem ter co-mo vi-ver Es-

-ta-mo sós__ e ne-nhum de nós Sa-be on-de quer che-gar Es - ta-mos vi__- vos sem mo-ti__- vos Que mo - ti-vos te-mos pra es-tar? A - trás de pa-la__-vras es-con - di-das Nas en-tre--li-nhas do ho-ri-zon-te des-ta high-way Si-len-ci-o - sa high__- way,__ high-way__

Eu ve-jo o ho-ri-zon-te trê__--mu-lo Eu te-nho os o-lhos ú-mi-dos Eu pos-so es-tar com-ple-ta-men__-te en-ga-na-do Eu pos-so es-tar cor-ren-do pro la-do er-ra-do Mas a dú-vi-da é o pre__-ço da pu--re-za E é i - nú-til ter__ cer-te-za Eu ve-jo as pla__-cas di - zen-do não cor-ra Não mor-ra, não fu-me Eu ve-jo as pla__-cas cor - tan-do o ho-ri-zon-te E-las pa - re-cem fa__- cas de dois gu-mes

Solo de guitarra

Mi-nha vi-da é tão con-fu-sa quan-to a A-mé-ri-ca Cen-tral__ Por is-so não me a-cu-se de ser ir-ra-cio-nal Es--cu-te ga-ro-ta, fa-ça-mos um tra-to Vo-cê des-li-ga o te-le-fo-ne se eu fi-car mui-to a-bs-tra-to Eu pos-__-so ser um Bea-tle, um bea-t-nik ou um bi-to-la-do Mas eu não sou a-tor, eu__ não tô à to-a do teu la-do Por is__-so, ga-ro__-ta, fa-ça-mos um pa-c-to De não u-sar a high-way pra cau-sar im-pa-c-to Cen-to e dez__ Cen-to e vin__-te Cen-to e ses-sen-ta Só pra ver__ a-té quan__-do o mo-tor a-güen-ta Na bo-ca, em vez de um bei-jo, um__ chi-cle de men-ta E a som-bra de um sor-ri-so que eu dei-xei__ Nu-ma das cur-vas da high-way,__ high-way__ In-fi-ni-ta high__-way__ high-way__

Não identificado

CAETANO VELOSO

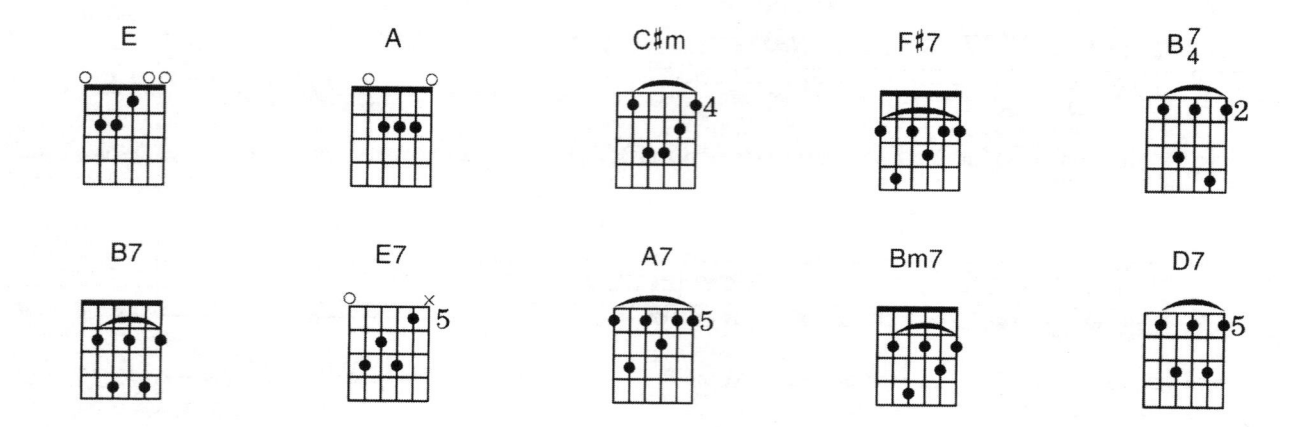

E   A   C#m
Eu vou fazer uma canção pra ela

F#7   B7 4 B7   E7
Uma canção singela,   brasileira

A7   E7   A7
Para lançar depois do carnaval

E   A   C#m
Eu vou fazer um iê-iê-iê romântico

F#7   B7 4   B7   Bm7 E7
Um anti-computador   sentimental

A7   D7
Eu vou fazer uma canção de amor

A7   D7
Para gravar num disco voador

A7   D7
Eu vou fazer uma canção de amor

A7   F#7   B7 4 B7
Para gravar num disco voador

E   A   C#m
Uma canção dizendo tudo a ela

F#7   B74 B7   E7
Que ainda estou sozinho, apaixonado

A7   E7   A7
Para lançar no espaço sideral

E   A   C#m
Minha paixão há de brilhar na noite

F#7   B7 4   B7   Bm7 E7
No céu de uma cidade   do interior

A7   D7
Como um objeto não identificado

A7   D7
Como um objeto não identificado

A7   D7
Como um objeto não identificado

A7   F#7   B7 4 B7
Como um objeto não identificado

♩ = 110
E
Instrumental
E
Voz
A
C♯m
F♯7
Eu vou fa - zer u - ma can - ção pra e - la U - ma can - ção sin -
U - ma can - ção di - zen - do tu - do a e - la Que a - in - da es - tou so -
B7/4
B7
E7
A7
E7
-ge - la, bra - si - lei - ra Pa - ra lan - çar de - pois do car - na - val
-zi - nho, a - pai - xo - na - do Pa - ra lan - çar no es - pa - ço si - de - ral
A7
E
A
C♯m
Eu vou fa - zer um iê - iê - iê ro - mân - ti - co Um
Mi - nha pai - xão há de bri - lhar na noi - te No
F♯7
B7/4
B7
Bm7
E7
an - ti - com - pu - ta - dor sen - ti - men - tal
céu de u - ma ci - da - de do in - te - ri - or
A7
D7
A7
1) Eu vou fa - zer u - ma can - cão de a - mor Pa - ra gra - var num dis - co
2) Co - mo um o - b - je - to não i - den - ti - fi - cado Co - mo um o - b - je - to não i - den -
D7
1.
F♯7
2.
B7/4
B7
Ao 𝄋
vo - a - dor (repete letra 1) vo - a - dor
-ti - fi - cado (repete letra 2) -ti - fi - cado

Gita

RAUL SEIXAS e
PAULO COELHO

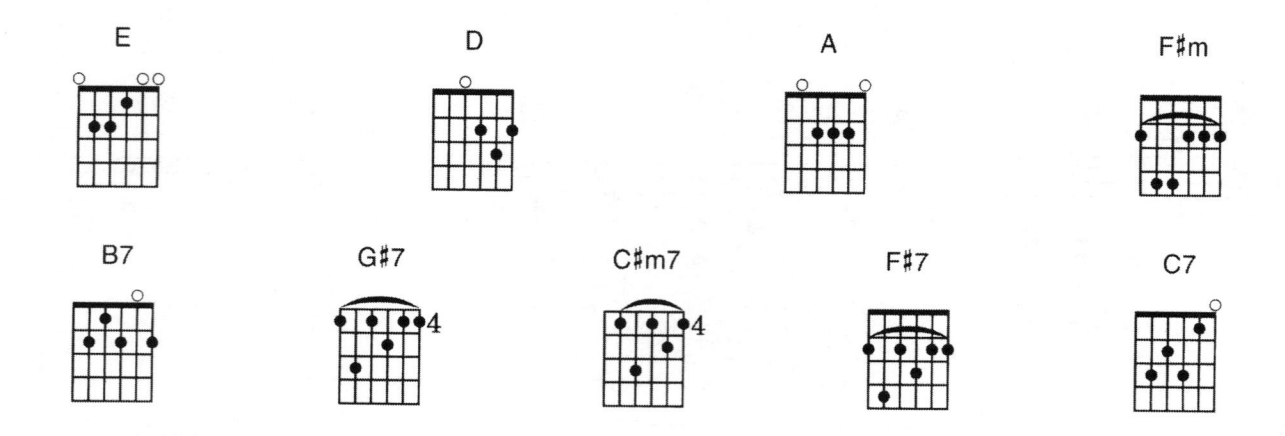

[Chord diagrams: E, D, A, F#m, B7, G#7, C#m7, F#7, C7]

Falando: **E D A E**
Eu que já andei pelos quatro cantos do mundo procurando
Foi justamente num sonho que ele me falou:

    E   F#m
Às vezes você me pergunta
  B7   E
Porquê é que eu sou tão calado
  G#7   C#m
Não falo de amor quase nada
    F#7   B7
Nem fico sorrindo ao teu lado

  C7   B7
Você pensa em mim toda hora
  C7   B7
Me come, me cospe e me deixa
  C7   B7
Talvez você não entenda
  C7   B7
Mas hoje eu vou lhe mostrar, ah!

      A   E
Eu sou a luz das estrelas
   A   E
Eu sou a cor do luar
   A   E
Eu sou as coisas da vida
  D/F#   E
Eu sou o medo de amar
   A   E
Eu sou o medo do fraco
   A   E
A força da imaginação
   A   E
O blefe do jogador
   D   A   E
Eu sou, eu fui, eu vou (Gita, Gita, Gita, Gita, Gita)

    A   E
Eu sou o seu sacrifício
  A   E
A placa de contramão
  A   E
O sangue no olhar do vampiro
  D   E
E as juras de maldição
  A   E
Eu sou a vela que acende
  A   E
Eu sou a luz que se apaga
  A   E
Eu sou a beira do abismo
  D   A   E
Eu sou o tudo e o nada

   E   F#m
Porquê você me pergunta?
  B7   E
Perguntas não vão lhe mostrar
  G#7   C#m
Que eu sou feito da terra
  F#7   B7
Do fogo, da água e do ar

  C7   B7
Você me tem todo dia
  C7   B7
Mas não sabe se é bom ou ruim
  C7   B7
Mas saiba que eu estou em você
  C7   B7
Mas você não está em mim, ihm

A		E
Das telhas eu sou o telhado

A   **E**
A pesca do pescador

A   **E**
A letra A tem meu nome

D   **E**
Dos sonhos eu sou o amor

A   **E**
Eu sou a dona de casa

A   **E**
Nos Peg Pagues do mundo

A   **E**
Eu sou a mão do carrasco

D   **A**   **E**
Sou raso, largo, profundo (Gita, Gita, Gita)

A   **E**
Eu sou a mosca na sopa

A   **E**
E o dente do tubarão

A   **E**
Eu sou os olhos do cego

D   **E**
E a cegueira da visão

A   **E**
Mas eu sou o amargo da língua

A   **E**
A mãe, o pai e o avô

A   **E**
O filho que ainda não veio

D   **A**   **E**
O início, o fim e o meio

D   **A**   **E**
O início, o fim e o meio

D   **A**   **E**
Eu sou o início, o fim e o meio

D   **A**   **E**
Eu sou o início, o fim e o meio

♩ = 188

Instrumental

Eu que já andei pelos quatro cantos do mundo procurando

Foi justamente num sonho que ele me falou: Às

vezes você me pergunta Porque é que eu sou tão calado Não
-quê você me pergunta? Perguntas não vão lhe mostrar Que

falo de amor quase nada Nem fico sorrindo ao teu lado Vo-
eu sou feito da terra Do fogo, da água e do ar Vo-

-cê pensa em mim toda hora Me come me, cospe e me
-cê me tem todo dia Mas não sabe se é bom ou ru-

Copyright © by WARNER/CHAPPELL EDIÇÕES MUSICAIS LTDA.
Todos os direitos autorais reservados para todos os países. *All rights reserved.*

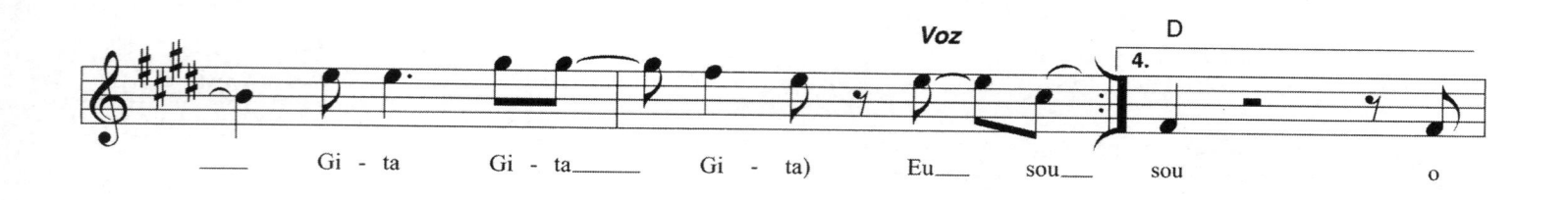

B7 dei-xa **C7** Tal - vez vo-cê não en-ten-da **B7** Mas ho-je eu vou lhe mos-
-im Mas sai-ba que_es-tou em vo-cê **C7** Mas vo-cê não tá em

B7 -trar, ah!_____ **A** Eu__ sou_____ a luz das es-
mim, ihm!_____ o me - do do
(Ver versos adicionais) o seu sa - cri-
a ve - la que_a-

E -tre - las___ **A** Eu sou a cor do lu - ar **E** Eu
fra - co___ *A for - ça da_i - ma - gi - na - ção* *O*
-fi - cio___ A pla - ca de con - tra - mão O
-cen - de___ Eu sou a luz que se_a - pa - ga Eu

A sou as coi - sas da vi - da **E** Eu
ble - fe do___ jo - ga - dor___ *Eu*
san - gue no_o - lhar do vam - pi - ro E_as
sou a bei - ra do_a - bis - mo Eu

D **1. e 3.** sou o me - do de_a - mar **E** Eu__ sou
ju - ras de mal - di - ção Eu__ sou__

D **2.** sou, eu fui, **A** eu vou **E** *Côro* (Gi - ta Gi-ta__

Voz **D** **4.**
___ Gi - ta Gi-ta__ Gi-ta) Eu__ sou__ sou o

tu - do e o na - da Por--são, ah! Mas eu sou o a-mar-go da lín-gua A mãe, o pai e o a - vô O fi - lho que a-in-da não vei - o O i--ní - cio, o fim e o mei - o O i - ní - cio, o fim e o mei - o Eu sou o i - ní - cio, o fim e o mei - o Eu sou o i - ní - cio, o fim e o mei - o

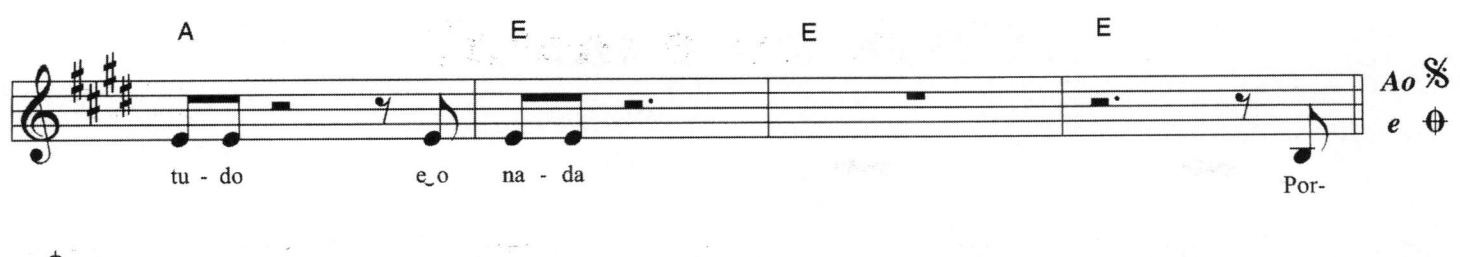

Rall

5. Das telhas eu sou o telhado
   A pesca do pescador
   A letra A tem meu nome
   Dos sonhos eu sou o amor

6. Eu sou a dona de casa
   Nos Peg Pagues do mundo
   Eu sou a mão do carrasco
   Sou raso, largo, profundo

   Gita, Gita, Gita ...

7. Eu sou a mosca na sopa
   E o dente do tubarão
   Eu sou os olhos do cego
   E a cegueira da visão

Onde você mora?

NANDO REIS e
MARISA MONTE

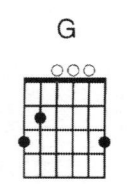

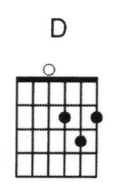

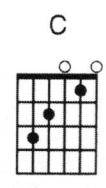

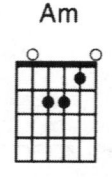

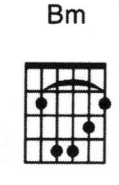

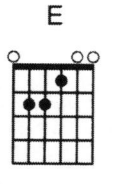

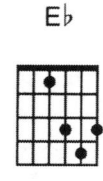

G   D   C   Am   Bm   E   Eb

Introdução (2Xs): **G D C Am**

REFRÃO:

G   D
 Amor igual ao teu
C   Am
 Eu nun__ca mais terei
G   D
 Amor que eu nunca vi igual
C   Am
 Que eu nun__ca mais verei

              G
Amor que não se pede
              D
Amor que não se mede
C   Am
 Que não se repete

              G
Amor que não se pede
              D
Amor que não se mede
    C   Am
 Não se repete

Refrão

         G
Amor que não se pede
         D
Amor que não se mede
       C
Que não se repete
       Am
Amor
D
 Cê vai chegar em casa
Eu quero abrir a porta
Aonde você mora
     C   Bm Am
Aonde você foi morar
G
Aonde foi

D
 Não quero estar de fora
Aonde esta você
Eu tive que ir embora
                 C Bm Am
Mesmo querendo ficar
G
 Agora eu sei

E
 Eu sei que eu fui embora
Eb   D
 Agora eu quero você
              G
De volta pra mim

Amor igual ao teu (*etc.*)
...De volta pra mim

Amor igual ao teu (*etc.*)
...Que eu nunca mais verei

Improviso de voz: **G D C Am**

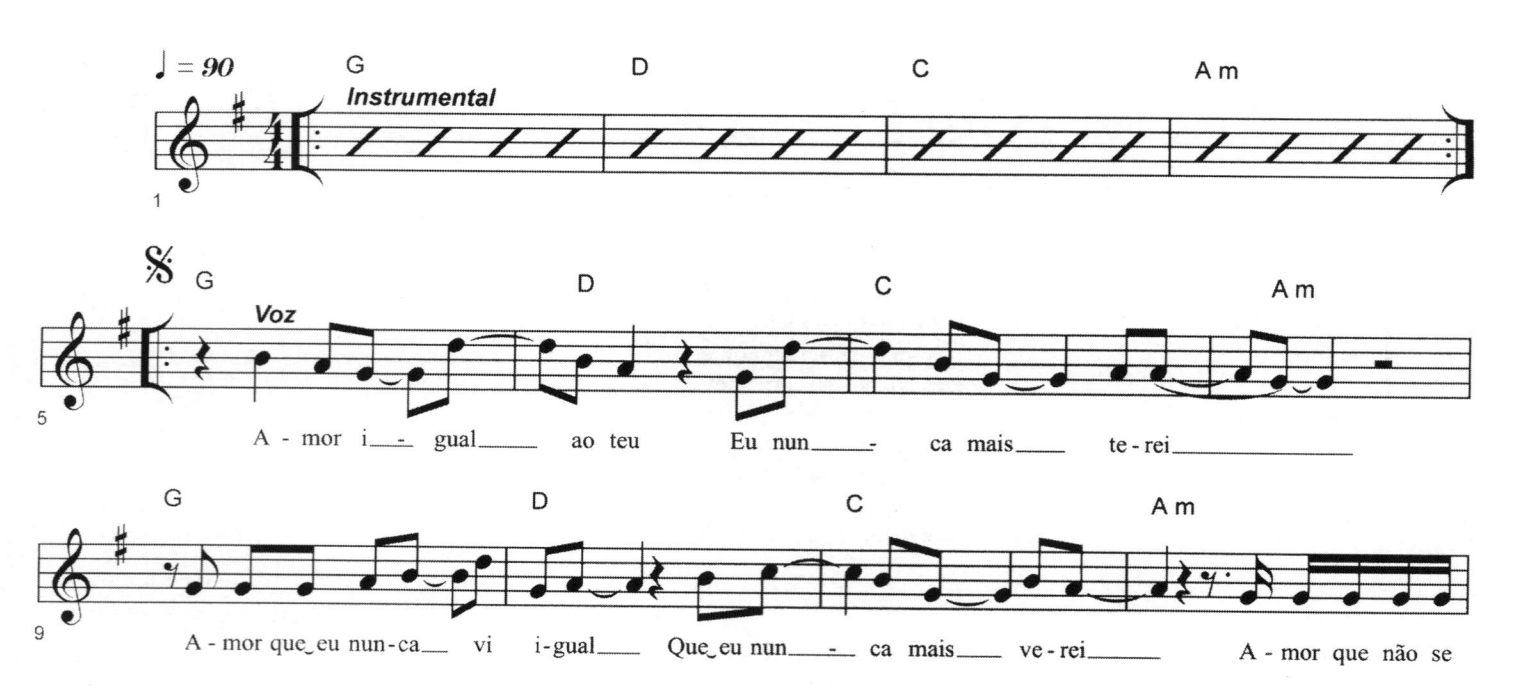

pe-de A-mor que não se me-de Que não se re-pe-te A-mor que não se
pe-de A-mor que não se me-de Não se re-pe-te
-pe-te a-mor Cê vai che-gar em ca-sa Eu que-ro a-brir a por-ta
Não que-ro es-tar de fo-ra A-on-de es-tá vo-cê

A-on-de vo-cê mo-ra A-on-de vo-cê foi mo-rar A-on-de foi
Eu ti-ve que ir em-bo-ra Mes-mo que-ren-do fi-car A-go-ra eu sei

Eu sei que fui em-bo-ra e a-go-ra que-ro vo-cê de vol-ta pra mim

mim A-mor i-gual ao teu eu nun-ca mais te-rei

A-mor que eu nun-ca vi i-gual Eu nun-ca mais Nun-ca mais

Rep. ad libitum

Improviso de voz

Fade out

89

Tudo que ela gosta de escutar

CHORÃO, MARCÃO,
CHAMPIGNON,
THIAGO e PELADO

| Cm7 | Eb(add9) | F | Eb | Cm | Bb | Ab |

Introdução: **Cm7 Eb(add9) Cm7 F**
     Cm7 Eb(add9) Cm7 F
     Cm7 Eb(add9) Cm7 Eb F

Cm7 **Eb(add9)** **Cm7**
Essa é uma história de amargar
 F **Cm7** **Eb(add9)** **Cm7 Eb F**
Conheci uma garota, meu irmão, vou lhe falar
Cm7 **Eb(add9)** **Cm7** **F**
Tudo que ela quer o pai dela dá
F **Cm7** **Eb(add9)** **Cm7** **Eb F**
Desde casa em Ubatuba apê no Guarujá Well

Instrumental: **Cm7 Eb(add9) Cm7 F**
     Cm7 Eb(add9) Cm7 Eb F

 Cm7 **Eb(add9)** **Cm7** **F**
Fim de festa olho pra ela, ela sorri pra mim
 Cm7 **Eb(add9)** **Cm7** **Eb**
Me secou a noite inteira ela só pode estar a fim
F **Cm7** **Eb(add)9** **Cm7** **F**
Ela tem carro importa__do e telefone celular
 Cm7 **Eb(add9)** **Cm7** **Eb F**
Eu só tenho uma magrela e um apê no "be ene agá"

REFRÃO:
 Cm **Eb** **Cm**
Eu falo tudo que ela gosta de escutar
F **Cm** **Eb** **Cm** **Bb**
Deve ser por isso que ela vem me procurar ah! Ah!
 Cm **Eb** **Cm** **F**
Eu falo eu falo tudo que ela gosta de escutar
 Cm **Eb** **Cm** **Bb**
Deve ser por isso que ela vem me procurar

 Cm7 **Eb(add9)** **Cm7** **F**
O pai dela riu de mim porque o meu carro é popular
 Cm7 **Eb(add9)** **Cm7** **Eb F**
Ainda me deu uma notícia de desanimar:
 Cm7 **Eb(add9)** **Cm7** **F**
"Rapaz você não é bom pra minha filha não
 Cm7 **Eb(add9)** **Cm7**
Quem é teu pai? Quem é você? O que você faz?
 Eb **F**
Vou investigar você!"

Instrumental: **Cm7 Eb(add9) Cm7 F**
     Cm7 Eb(add9) Cm7 Eb F

Fim de festa olho pra ela ela sorri pra mim *(etc.)*
...Eu só tenho uma magrela e um apê no "be ene agá"

Refrão

Instrumental (2Xs): **Cm Ab Eb Cm Ab Eb**

Solo de guitarra: **Cm Eb Bb Ab Cm Eb Bb Ab**

Refrão

Final: **Cm Ab Eb Cm Ab Eb**
  Cm Ab Eb Cm Ab

Es-sa é u-ma his-tó-ria de a-mar-gar Co-nhe-ci u-ma ga-ro-ta, meu ir-mão, vou lhe fa-lar

Tu-do o que e-la quer o pai de-la dá Des-de ca-sa em U-ba-tu-ba a pê no Gua-ru-já Well

Fim de fes-ta o-lho pra e-la e-la sor-

-ri pra mim Me se-cou a noi-te in-tei-ra e-la só po-de es-tar a fim E-la tem

car-ro im-por-ta-do e te-le-fo-ne ce-lu-lar Eu só te-nho u-ma ma-gre-la e um a-pê no "be e-ne a-gá" Eu fa-lo

tu-do que e-la gos-ta de es-cu-tar De-ve ser por is-so que e-la vem me pro-cu-rar ah! Ah! Eu fa-lo eu

Copyright © 1997 by EDIÇÕES MUSICAIS TAPAJÓS LTDA.
Todos os direitos autorais reservados para todos os países. *All rights reserved.*

falo tudo que ela gosta de escutar Deve ser por isso que ela vem me procurar O pai dela riu de mim porque o meu carro é popular Ainda me deu uma notícia de desanimar "Rapaz você não é bom pra minha filha não! Quem é teu pai? Quem é você? O que você faz? Vou investigar você!" vem me procurar é!

Solo de guitarra / *Voz* / *Instrumental* / *Baixo*

Tudo que ela gosta de escutar Deve ser por isso que ela vem me procurar Eu falo, eu falo tudo que ela gosta de escutar Deve ser por isso que ela vem me procurar ah! Yeah! C'mon Ha!

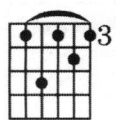

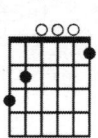

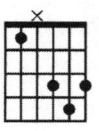

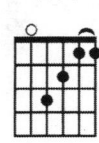

Manoel

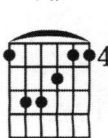

FABIO FONSECA e
MARCIA SEREJO

[Chord diagrams: Cm7, F7, G7, Cm7/B♭, F/A, A♭]

N.C.
Gostava de música americana
Ia pro baile dançar todo fim de semana

Instrumental (4Xs): **Cm7 F7 G7**

REFRÃO:
    Cm7 F7   **G7 Cm7 F7 G7**
Manoel   foi pro céu
    Cm7 F7   **G7 Cm7 F7 G7**
Manoel   foi pro céu

Cm7
Ia pro trabalho cansado às seis da manhã

Ouvia no seu rádio calcinhas e sutiã

  Cm7
No rádio era funk
 F7
O trem tava lotado
  Cm7
Pensou no seu salário
 F7
Ficou desanimado

    Cm7   **Cm7/B♭**
Se eu fosse americano
    F/A   **A♭**   **F7 G7**
Minha vida não seria assim

Refrão

Cm7
Dia após dia ouvia sua avó lhe falar

O mundo é fabuloso ser humano é que não é legal

No rádio era funk (*etc.*)
...Ficou desanimado

    Cm7   **Cm7/B♭**
Se eu fosse um político
    F/A   **A♭**   **F7 G7**
A vida não seria assim

Refrão

Dia após dia ouvia sua avó lhe falar (*etc.*)
...A vida não seria assim

Manoel

**FABIO FONSECA e
MARCIA SEREJO**

♩ = 112

N.C.

Gos - ta-va de mú-si-ca_a-me-ri-ca - na, I-a pro bai-le dan-çar to-do fim de se-ma - na

3X *Instrumental*
| Cm7 | F7 | G7 | Cm7 | F7 | G7 | **Voz** |

Ma - no -

| Cm7 | F7 | G7 | Cm7 | F7 | G7 |

-el .... foi pro céu .... Ma - no -
-el .... foi pro céu .... Ma - no -

| Cm7 | F7 | G7 | Cm7 | F7 | G7 |

-el _____ foi pro céu
-el _____ foi pro céu

Cm7

I-a pro tra-ba-lho can - sa - do às seis da ma-nhã _____ Ou-
Di-a a-pós di-a ou - vi-a-su-a_a-vó lhe fa-lar _____ O

-vi - a no seu rá - dio cal - cinhas e su-ti - ã _____ No
mun-do_é fa-bu-lo-so, ser hu - ma - no é que não é le - gal _____ No

| Cm7 | F7 | Cm7 | F7 |

rá-dio e-ra fun-k O trem ta-va lo-ta-do Pen - sou no seu sa-lá-rio Fi - cou de-sa-ni-ma-do Se_eu
rá-dio e-ra fun-k O trem ta-va lo-ta-do Pen - sou no seu sa-lá-rio Fi - cou de-sa-ni-ma-do Se_eu

Copyright © 1988 by WARNER CHAPPELL EDIÇÕES MUSICAIS LTDA.
Todos os direitos autorais reservados para todos os países. *All rights reserved.*

fos-se a-me-ri-ca-no Mi-nha vi-da não se-ri-a as-sim_____ Ma-no-
fos-se um po-lí-ti-co a vi-da não se-ri-a as-sim_____ Ma-no-

-el foi pro céu Ma-no-

-el foi pro céu

Di-a a-pós di-a ou-vi-a su-a a-vó lhe fa-lar_____ Su-a a-vó lhe fa-lar_____ O

mun-do é fa-bu-lo-so, ser hu-ma-no é que não é le-gal_____ No

rá-dio e-ra fun-k O trem ta-va lo-ta-do Pen-sou no seu sa-lá-rio Fi-cou de-sa-ni-ma-do Se eu

fos-se um po-lí-ti-co a vi-da não se-ri-a as-sim_____ Well well well well well

6X *Instrumental*

Como uma onda

(Zen surfismo)

NELSON MOTTA e
LULU SANTOS

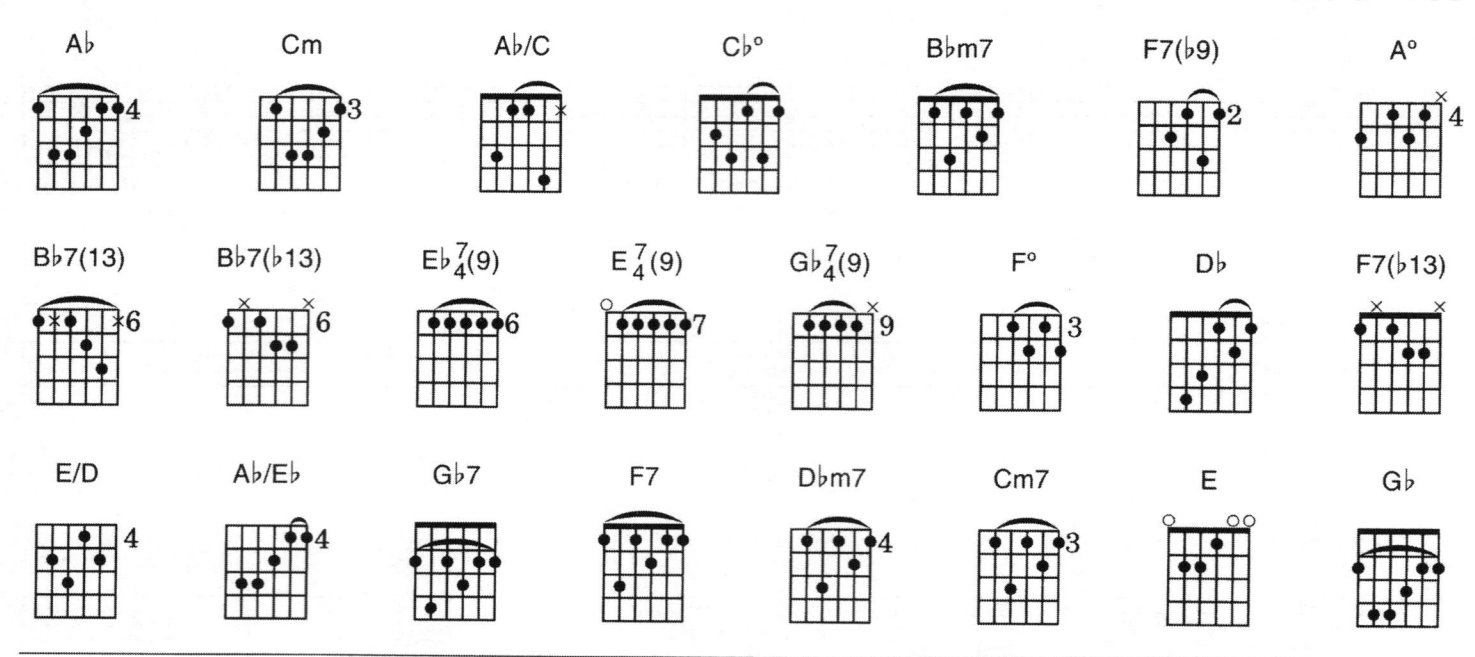

[Chord diagrams: Ab, Cm, Ab/C, Cb°, Bbm7, F7(b9), A°, Bb7(13), Bb7(b13), Eb7/4(9), E7/4(9), Gb7/4(9), F°, Db, F7(b13), E/D, Ab/Eb, Gb7, F7, Dbm7, Cm7, E, Gb]

Ab
Nada do que foi será
       Cm   **Ab**
De novo do jeito que já foi um dia
   Ab/C   **Cb°**   **Bbm7**
Tudo passa, tudo sempre passará
F7(b9) **Bbm7**   **F7(b9)**   **Bbm7**   **A°**
A   vida vem em ondas como o mar
Bb7(13)   **Bb7(b13)**   **Eb7 4(9)** **E7 4(9)** **Gb7 4(9)**
Num indo e vin__do infini__to

Ab
Tudo o que se vê não é
          Cm   **Ab**
Igual ao que a gente viu há um segundo
  Ab/C   **F°**   **Db** **F7(b13)**
Tudo muda o tempo todo no mundo
E/D
Não adianta fugir
        Ab/Eb   **Gb7**   **F7**   **Bbm7**
Nem mentir   pra si mes__mo a_gora,   não
Dbm7   **Cm7**
Há tanta vida lá fora
     Gb7   **F7**   **Bbm7**
Aqui den_tro, sem_pre

E   **Gb**   **Ab**
Como uma onda no mar
E   **Gb**   **Ab**
Como uma onda no mar
E   **Gb**   **Ab** **E** **Gb**
Como uma onda no mar

Nada do que foi será *(etc.)*

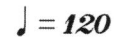

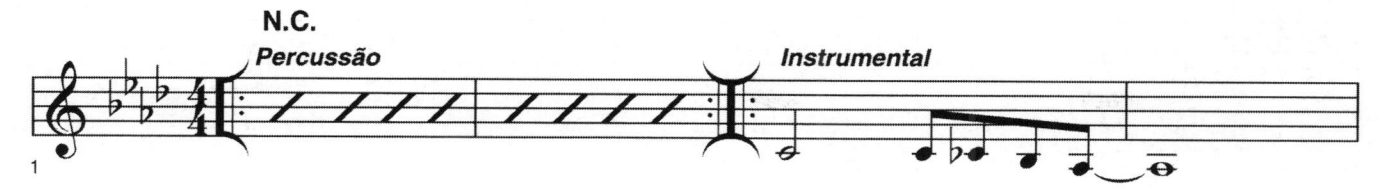

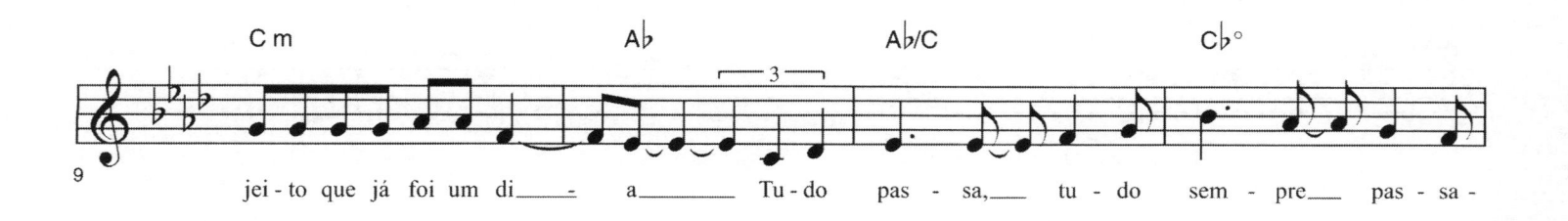

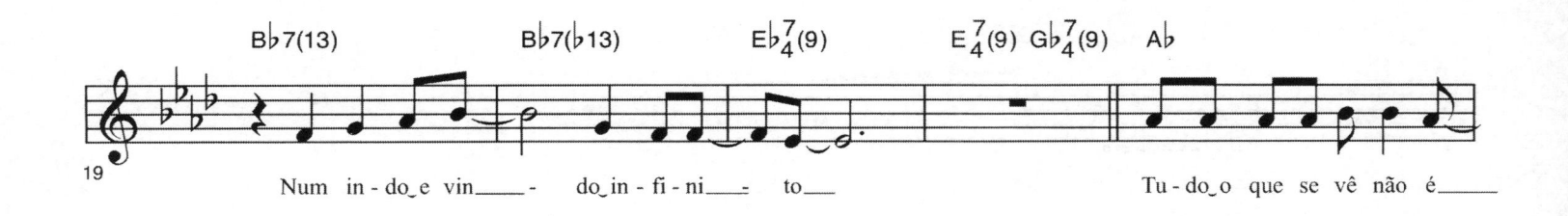

Nada do que foi será — De novo do jeito que já foi um dia — Tudo passa, tudo sempre passará — A vida vem em ondas como o mar — Num indo e vindo infinito — Tudo o que se vê não é — Igual ao que a gente viu há um segundo — Tudo muda o tempo

F° Db F7(b13) E/D
28
to - do No mun - do Não a - di - an - ta fu - gir
Ab/Eb Gb7 F7 Bbm7
32
Nem men - tir pra si mes - mo a - go - ra, não
Dbm7 Cm7 Gb7 F7 Bbm7
36
Há tan - ta vi - da lá fo - ra A - qui den - tro, sem - pre
E Gb Ab E Gb Ab
40
Co - mo_u - ma on - da no mar Co - mo_u - ma on - da no mar
E Gb Ab E Gb
44
Co - mo_u - ma on - da no mar
Ao 𝄋 e 𝄌
E Gb Ab E Gb Ab
47
Co - mo_u - ma on - da no mar Co - mo_u - ma on - da no mar
Fade out

A feira

MARCELO YUKA, FALCÃO, LAURO FARIAS,
ALEXANDRE MENEZES e MARCELO LOBATO

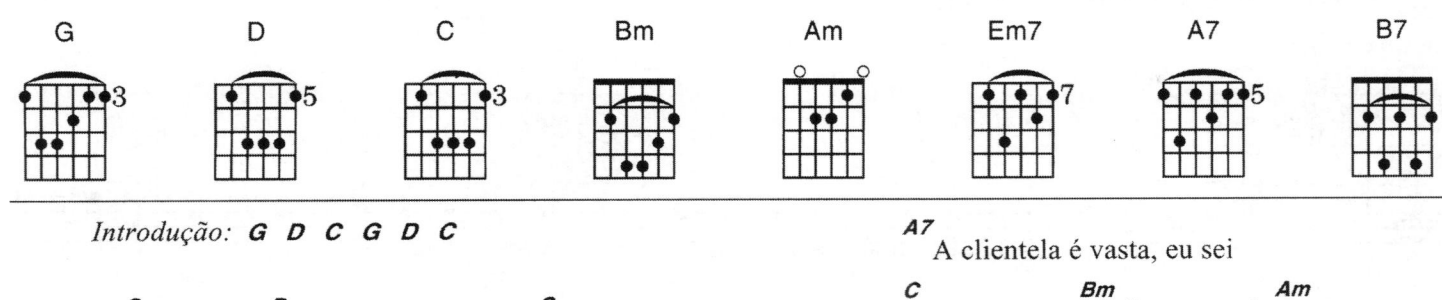

G   D   C   Bm   Am   Em7   A7   B7

Introdução: G D C G D C

    G   D   C
É dia de fei_ra, quarta-feira, sexta-feira, não importa a feira
    G   D   C
É dia de fei_ra, quem quiser pode chegar
    G   D   C
É dia de fei_ra, quarta-feira, sexta-feira, não importa a feira
    G   D   C
É dia de fei_ra, quem quiser pode chegar

       G   D
Vem maluco, vem madame, vem "maurício", vem atriz
C
Pra comprar comigo
       G   D
Vem maluco, vem madame, vem "maurício", vem atriz
C
Pra levar comigo

BIS {
    G   D   C
Tô vendendo er_vas que curam e acalmam
    G   D   C
Tô vendendo er_vas que aliviam e temperam
}

C   Bm   Am   D   Em7
Mas eu não tô autorizado e quando o rapa che_ga

Eu quase sempre escapo
       A7
Quem me fornece é que ganha mais

A7
A clientela é vasta, eu sei
C   Bm   Am
Porque os remédios normais
              D   Em7
Nem sem_pre amenizam a pressão

Amenizam a pressão

Amenizam a pressão

Instrumental: G D C G D C

É dia de feira (etc.)

          Em7
...amenizam a pressão
Amenizam a pressão
Amenizam a pressão
Amenizam a pressão

Sete vezes:
B7
Porque os remédios normais não amenizam
Pressão

Porque os remédios normais não amenizam

É dia de feira (etc.)

...pode chegar

♩ = 90

Instrumental
G   D   C

Voz
G   D   C

É di-a___ de fei___- ra, quar-ta fei-ra, sex-ta fei-ra, não im-por-ta_a fei-ra___

Copyright © 1996 by WARNER CHAPPELL EDIÇÕES MUSICAIS LTDA.
Todos os direitos autorais reservados para todos os países. *All rights reserved.*

G D C
9
É di - a___ de fei___- ra,___ quem qui - ser po - de che___- gar
G D C
13
É di - a___ de fei___- ra, quar - ta fei - ra, sex - ta fei - ra, não___ im - por - ta‿a fei___- ra
G D C
17
É di - a___ de fei___- ra,___ quem qui - ser po - de che___- gar Vem ma -
Fim
G D C
21
-lu - co, vem ma - da - me, vem "mau - rí - cio", vem a___- triz Pra com - prar___ co - mi___- go Vem ma -
G D C
25
-lu - co, vem ma - da - me, vem "mau - rí - cio", vem a___- triz Pra le - var___ co - mi___- go
G D C
29
Tô ven - den - do er___- vas___ que cu - ram e___ a - cal___- mam
G D C
33
Tô ven - den - do er___- vas___ que‿a - li - vi - am e___ tem - pe___- ram

C **Bm** **Am** **D** **Em7**

Mas eu não tô au-to-ri-za-do e quan-do o ra-pa che-ga Eu qua-se sem-pre es-ca-po Quem

A7

me for-ne-ce é quem ga-nha mais___ A cli-en-te lá é vas-ta, eu sei

C **Bm** **Am** **D** **Em7**

Por-que os re-mé-dios nor-mais___ Nem sem-pre a-me-ni-zam a pres-são___ A-me-

-ni-zam a pres-são___ A-me-ni-zam a pres-são___ Ao %

Em7

-ni-zam a pres-são___ A-me-ni-zam a pres-são___

B7

Por-que os re-mé-dios nor-mais___ não a-me-ni-zam Pres-são Por-que os re-mé-dios nor-mais___
-são

B7

___ não a-me-ni-zam Pres- -são Por-que os re-mé-dios nor-mais não a-me-ni-zam Pres-

1. **2.**

-são Por-que os re-mé-dios nor-mais não a-me-ni-zam Pres- -mais não a-me-ni-zam Ao %2 e Fim

À francesa

CLAUDIO ZOLI e
ANTONIO CÍCERO

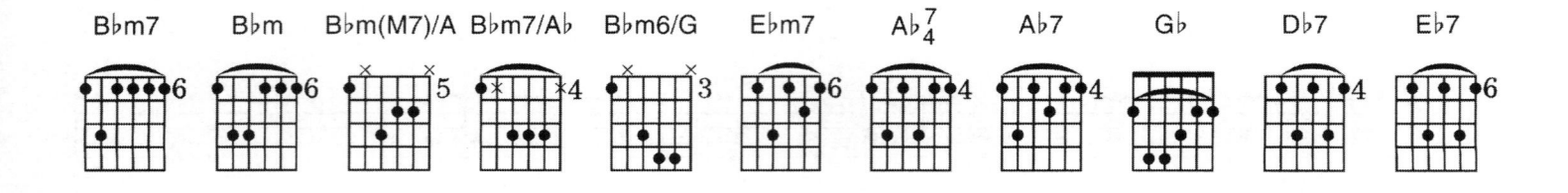

[Chord diagrams: Bbm7, Bbm, Bbm(M7)/A, Bbm7/Ab, Bbm6/G, Ebm7, Ab7/4, Ab7, Gb, Db7, Eb7]

Introdução: **Bbm7**

   Bbm   **Bbm(M7)/A**
Meu amor se você for embora
   Bbm7/Ab   **Bbm6/G**
Sabe lá o que será de mim
   Ebm7   **Ab7 4**   **Ab7**
Passeando pelo mundo afo_ra
   Bbm   **Bbm(M7)/A**
Na cidade que não tem mais fim
   Bbm7/Ab   **Bbm6/G**
Hora dando fora, ora bola
   Ebm7   **Ab7 4**   **Ab7**
Um irresponsável pobre de mim

   Gb
Se eu te peço para ficar ou não
   Db7
Meu amor eu lhe juro
   Gb
Que não quero deixá-lo na mão
    Db7
E nem sozinho no escuro
     Eb7
Mas os momentos felizes

   Eb7
Não estão escondidos
   Ab7
Nem no passado e nem no futuro

   Bbm   **Bbm(M7)/A**
Meu amor não vai haver tristeza
   Bbm7/Ab   **Bbm6/G**
Nada além de um fim de tarde a mais
   Ebm7   **Ab7 4**   **Ab7**
Mas depois as luzes todas ace_sas
   Bbm   **Bbm(M7)/A**
Paraísos artificiais
   Bbm7/Ab   **Bbm6/G**
E se você saísse à francesa
   Ebm7   **Ab7 4**   **Ab7**
Eu viajaria muito, mas mui_to mais

Instrumental: **Bbm7**

Se eu te peço para ficar ou não *(etc.)*
...Nem no passado nem no futuro

Instrumental: **Bbm7**

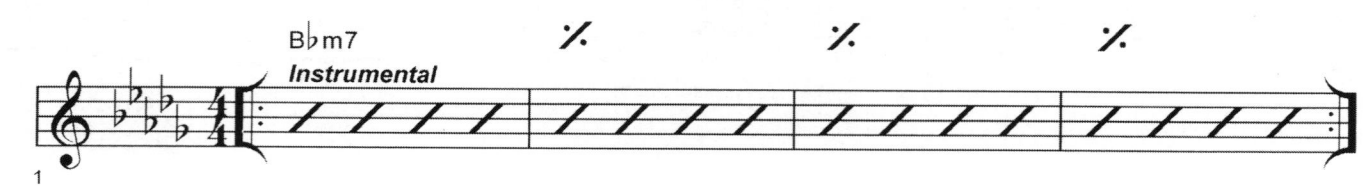

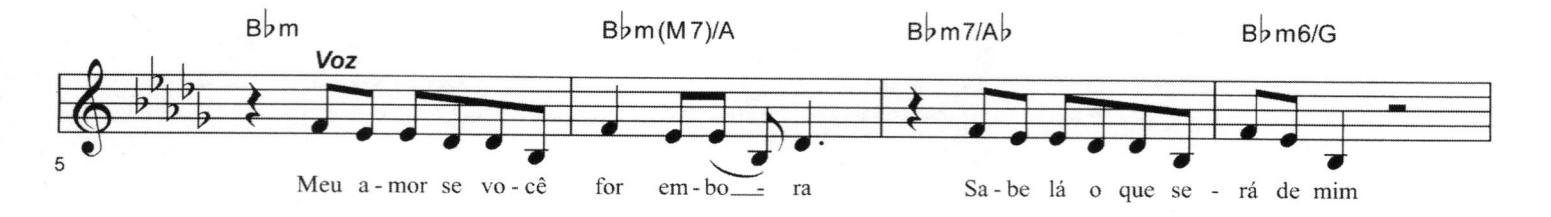

♩ = 110

[Musical notation: Instrumental section in Bbm7, 4/4 time, with repeat signs]

[Musical notation: Voz section with chords Bbm, Bbm(M7)/A, Bbm7/Ab, Bbm6/G]
Meu a-mor se vo-cê for em-bo__ra   Sa-be lá o que se-rá de mim

Copyright © 1989 by WARNER CHAPPELL EDIÇÕES MUSICAIS LTDA.
Copyright © by EMI SONGS DO BRASIL EDIÇÕES. MUSICAIS LTDA.
Todos os direitos autorais reservados para todos os países. *All rights reserved.*

| Ebm7 | Ab7/4 Ab7 | Bbm | Bbm(M7)/A |

Pas - se - an - do pe - lo mun - do a fo - ra __ Na ci - da - de que não tem mais fim __

| Bbm7/Ab | Bbm6/G | Ebm7 | Ab7/4 Ab7 |

Ho - ra dan - do fo - ra, o ra bo - la __ Um ir - res - pon - sá - vel po - bre de mim __

| 𝄋 Gb | | Db7 | |

Se eu te pe - ço pra fi - car __ ou não __ Meu a - mor eu lhe ju - ro

| Gb | | Db7 | |

Que não que - ro dei - xá - lo na mão __ E nem so - zi - nho no es - cu - ro Mas os mo-

| Eb7 | | Ab7 | |

-men - tos fe - li - zes Não es - tão es - con - di - dos Nem no pas - sa - do e nem no fu - tu - ro __

| Bbm | Bbm(M7)/A | Bbm7/Ab | Bbm6/G |

Meu a - mor não vai ha - ver tris - te - za __ Na - da a - lém de um fim de tar - de a mais __

| Ebm7 | Ab7/4 Ab7 | Bbm | Bbm(M7)/A |

Mas de - pois as lu - zes to - das a - ce - sas __ Pa - ra - í - sos ar - ti - fi - ci - ais __

| Bbm7/Ab | Bbm6/G | Ebm7 | Ab7/4 Ab7 |

E se vo - cê sa - ís - se à fran - ce - sa __ Eu vi - a - ja - ri - a mui - to, mas mui - to mais __

Ao 𝄋 e ⊕

Bbm7 *Instrumental*

Gb Se eu te pe-ço pra fi-car ou não **Db7** Meu a-mor eu lhe ju - ro

Gb Que não que-ro dei-xá-lo na mão **Db7** E nem so-zi-nho no_es-cu - ro Mas os mo-

Eb7 -men - tos fe-li - zes Não es-tão_es-con-di-dos **Ab7** Nem no pas-sa-do_e nem no fu-tu-ro

Gb **Db7** Meu a-mor eu lhe ju - ro

Gb **Db7** E nem so-zi-nho no_es-cu - ro Mas os mo-

Eb7 -men - tos fe-li - zes es-tão_es-con-di-dos **Ab7** Nem no pas-sa-do_e nem no fu-tu-ro

Rep. ad libitum
Bbm7 *Instrumental*

Fade out

No mundo da lua

BRUNO, SHEIK,
MIGUEL e ÁLVARO

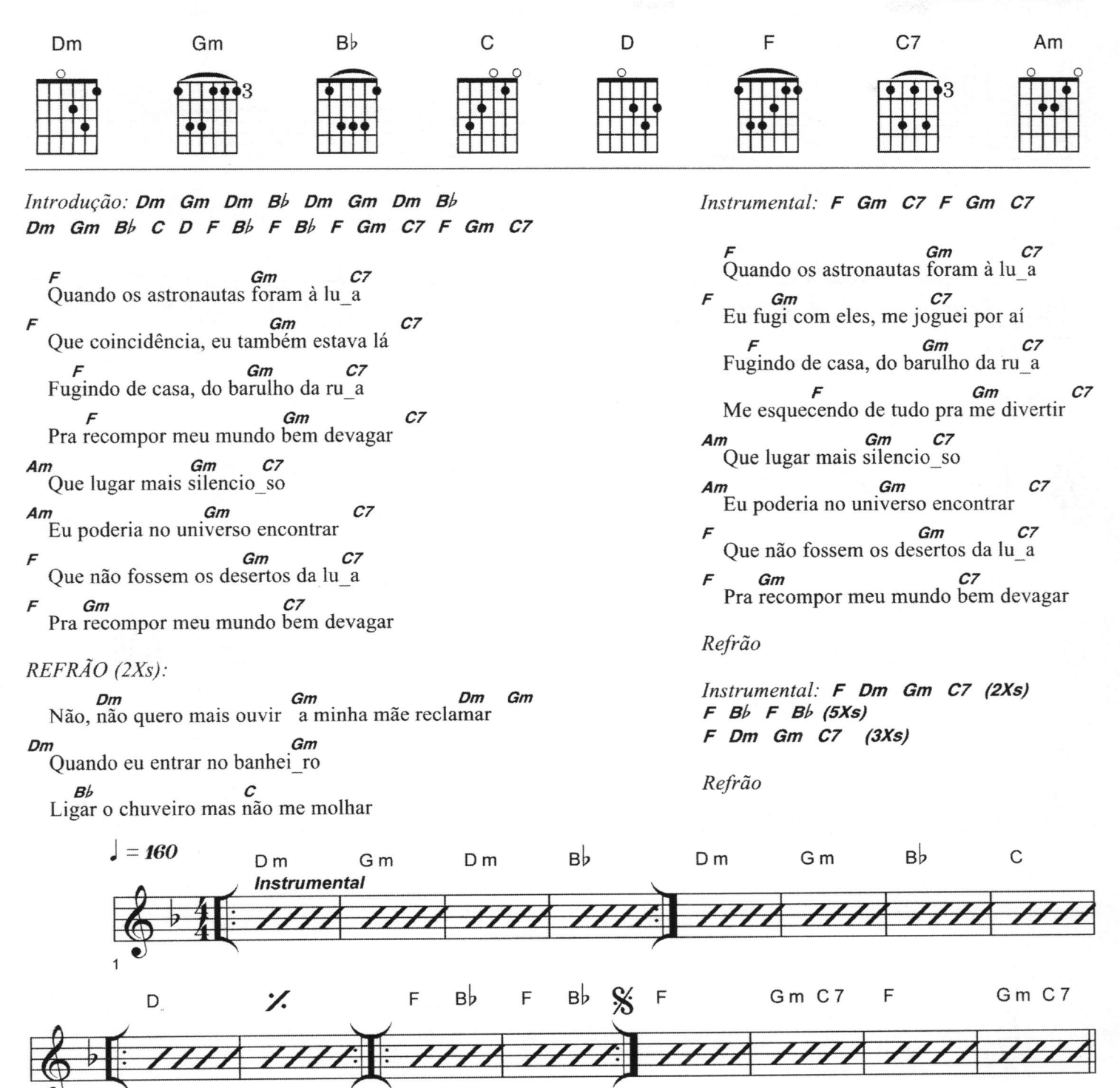

[Chord diagrams: Dm Gm Bb C D F C7 Am]

Introdução: Dm Gm Dm Bb Dm Gm Dm Bb
Dm Gm Bb C D F Bb F Bb F Gm C7 F Gm C7

    F   Gm   C7
Quando os astronautas foram à lu_a
    F   Gm   C7
Que coincidência, eu também estava lá
    F   Gm   C7
Fugindo de casa, do barulho da ru_a
    F   Gm   C7
Pra recompor meu mundo bem devagar
Am   Gm   C7
Que lugar mais silencio_so
Am   Gm   C7
Eu poderia no universo encontrar
F   Gm   C7
Que não fossem os desertos da lu_a
F   Gm   C7
Pra recompor meu mundo bem devagar

REFRÃO (2Xs):
   Dm   Gm   Dm   Gm
Não, não quero mais ouvir a minha mãe reclamar
Dm   Gm
Quando eu entrar no banhei_ro
  Bb   C
Ligar o chuveiro mas não me molhar

Instrumental: F Gm C7 F Gm C7

  F   Gm   C7
Quando os astronautas foram à lu_a
  F   Gm   C7
Eu fugi com eles, me joguei por aí
  F   Gm   C7
Fugindo de casa, do barulho da ru_a
  F   Gm   C7
Me esquecendo de tudo pra me divertir
Am   Gm   C7
Que lugar mais silencio_so
Am   Gm   C7
Eu poderia no universo encontrar
F   Gm   C7
Que não fossem os desertos da lu_a
F   Gm   C7
Pra recompor meu mundo bem devagar

Refrão

Instrumental: F Dm Gm C7 (2Xs)
F Bb F Bb (5Xs)
F Dm Gm C7 (3Xs)

Refrão

Copyright © by MERCURY PRODUÇÕES E EDIÇÕES MUSICAIS LTDA.
Todos os direitos autorais reservados para todos os países. *All rights reserved.*

-gin-do de ca-sa, do ba-ru-lho da ru-a Pra re-com-por meu mun-do bem de-va-gar
-gin-do de ca-sa, do ba-ru-lho da ru-a Me es-que-cen-do de tu-do pra me di-ver-tir

Que lu-gar mais si-len-ci-o-so Eu po-de-ri-a no u-ni-ver-so en-con-trar

Que não fo-sem os de-ser-tos da lu-a Pra re-com-por meu mun-do bem de-va-gar Não,

não que-ro mais ou-vir a mi-nha mãe re-cla-mar Quan-do eu en-trar no ba-nhei-

-ro Li-gar o chu-vei-ro mas não me mo-lhar Não, -gar o chu-vei-ro mas não me mo-lhar

Ao 𝄋 e 𝄌

bem de-va-gar Não, não, não que-ro mais ou-vir A mi-nha mãe re-cla-mar

Quan-do eu en-trar no ba-nhei-ro Li-gar o chu-vei-ro mas não me mo-lhar Não

o chu-vei-ro mas não me mo-lhar *Fim*

Instrumental *5X* *Solos*

Ao 𝄋 2 (casa 2) e Fim

Garota de Berlim

RODRIGO ANDRADE

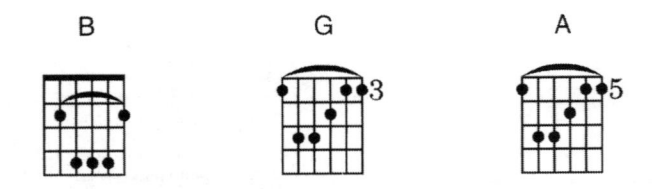

B G A

Introdução (2Xs): **B G A B**

B   G   A   B
Caminhava eu sozinho à noite olhando para o chão

                    G   A   B
De repente eu vi uma figura que de longe tocou meu coração

        G   A   B
E parecia tudo tão irreal, aquela luz azul e era Pinel

                       G
Enquanto eu caminhava ela desapareceu

A   B
Foi num piscar de olhos não sei como aconteceu

                   G
Imediatamente comecei a procurar

A   B
Aquela garota eu preciso encontrar

                G
Mas essa cidade é tão imensa

         A   B
Não sei seu nome nem como lhe chamar

REFRÃO:

        G   A   B
Linda garota   de Berlim

        G   A   B
Linda garota   de Berlim

B   G
Já desesperado parecia que era o fim

A   B
Nunca encontraria a garota de Berlim

                        G
De repente então ela me apareceu

A   B
Foi num piscar de olhos, não sei como aconteceu

                        G
Fiquei ali parado ela então se aproximou

A   B
Olhou bem nos meus olhos e pra mim assim falou:

G A B
(Fala em alemão)

                        G
E esse mistério minha vida perseguiu

A   B
Aquelas palavras, aquele olhar febril

                           G
Eu sei que esse tormento lindo nunca terá fim

A   B
Jamais esquecerei a garota de Berlim

Refrão

Solo de guitarra (2Xs): **B G A**

Refrão

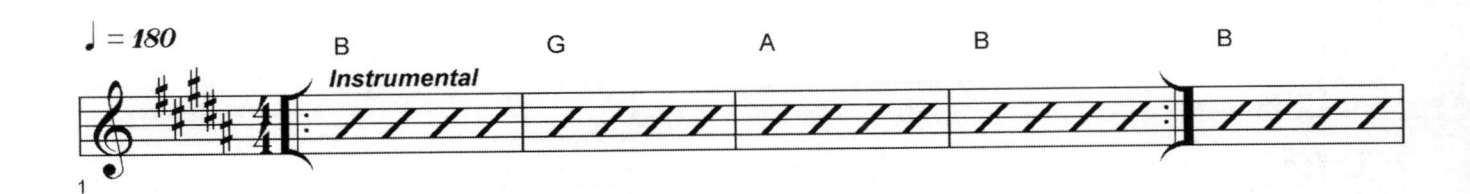

Copyright © 1985 by EMI SONGS DO BRASIL EDIÇÕES MUSICAIS LTDA.
Todos os direitos autorais reservados para todos os países. *All rights reserved.*

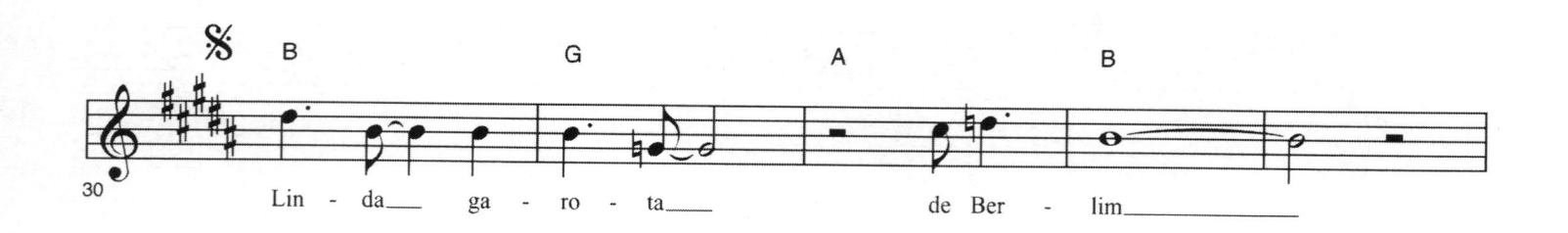

| B | G | A | B |

De re-pen-te eu vi u-ma fi-gu-ra que de lon-ge to-cou meu co-ra-ção E-

| B | G | A | B |

pa-re-ci-a tu-do tão ir-re-al, a-que-la luz a-zul e e-ra Pi-nel___ En-

| B | G | A | B |

-quan-to eu ca-mi-nha-va e-la de-sa-pa-re-ceu Foi num pis-car de o-lhos não sei co-mo a-con-te-ceu

| B | G | A | B |

I-me-dia-ta men-te eu nco-me-cei a pro-cu-rar A-que-la ga-to-ra eu pre-ci-so en-con-trar

| B | G | A | B |

Mas es-sa ci-da-de é tão i-men-sa___ Não sei seu no-me nem co-mo lhe cha-mar

| B | G | A | B |

Lin - da___ ga - ro - ta___ de Ber - lim___

| B | G | A | B |

Lin - da___ ga - ro - ta___ de Ber - lim___

Fim

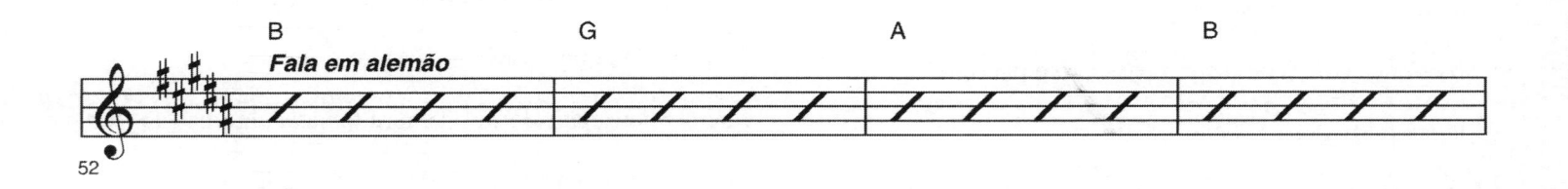

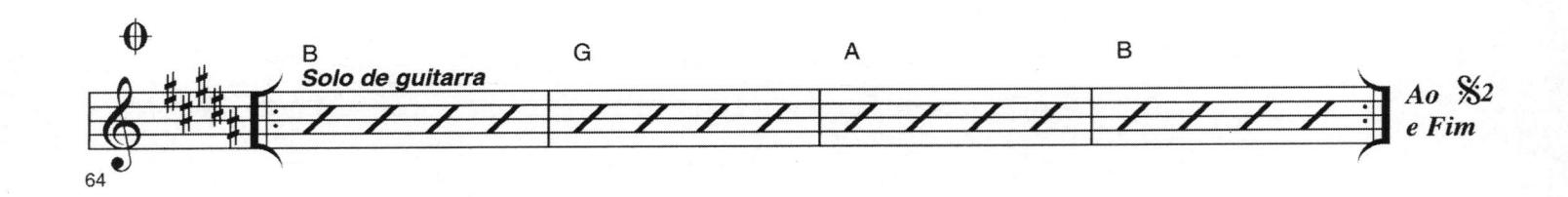

Já de-ses-pe-ra-do pa-re-ci-a que e ra o fim   Nun-ca en-con-tra-ri-a a ga-ro-ta de Ber-lim

De re-pen-te en-tão e-la me a-pa-re-ceu   Foi num pis-car de o-lhos, não sei co-mo a-con-te-ceu   Fi-

-quei a-li pa-ra-do e-la en-tão se a-pro-xi-mou   O-lhou bem nos meus o-lhos e pra mim as-sim fa-lou

Fala em alemão

E es-se mis-té-rio a mi-nha vi-da per-se-guiu   A-que-las pa-la-vras, a-que-le o-lhar fe-bril   Eu

sei que es-se tor-men-to lin-do nun-ca te-rá fim   Ja-mais me es-que-ce-rei ga-ro-ta de Ber-lim

Ao 𝄋 e 𝄌

Solo de guitarra

Ao 𝄋 2 e Fim

109

Eu não matei Joana D'Arc

MARCELO NOVA e
GUSTAVO MULLEM

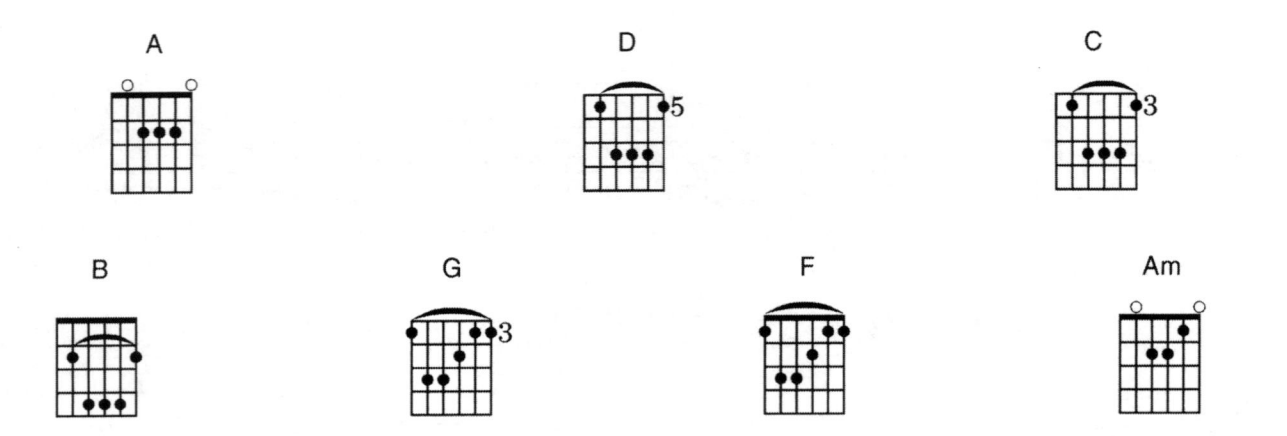

Introdução: **A D C**

A   D   C   A
Eu nunca tive nada com Joana D'Arc
              D   C   A
Nós só nos encontramos pra passear no par_que
            D   C   A
Ela me falou dos seus dias de gló_ria
          D   C   A
E do que não está escrito lá nos livros de histó_ria
       B   D   G   B
Que ficava excita_da quando pegava na lan_ça
              D   G   B
E do beijo que deu na rainha da Fran_ça
            D   G   B
Agora todos pen_sam que fui eu que a cremei
                    D   G   B
Mas eu não sou piromaní_aco, eu juro que não sei

REFRÃO (2Xs):
F   **Am**
Ontem eu nem a vi
F   **Am**
Sei que eu não tenho álibi
F   **G**   **A**
Mas eu, eu não matei Joana D'Arc

Instrumental: **A F G A F G A D C**

A   D   C   A
Eu nunca tive nada, nada, nada, nada com Joana D'Arc
              D   C   A
Nós só nos encontramos pra passear no par_que
            D   C   A
Ela me falou que andava ouvindo vo_zes
               D   C   A
Que pra conseguir dormir sempre tomava algumas do_ses
       B   D   G   B
Uma rede internacio_nal iludiu aquela meni_na
              D   G   B
Prometendo a todo cus_to transformá-la em heroí_na
              D   G   B
Agora eu tô entre_gue à CIA e à KGB
               D   G   B
Eles querem que eu confes_se, mas eu nem sei o que

Refrão

Solo de guitarra: **Am F G Am F G Am F Am F**

Am   **F**
Eu não matei Joana D'Arc
Am   **F**
Eu não matei Joana D'Arc

Refrão

Eu não matei Joana D'Arc

MARCELO NOVA e
GUSTAVO MULLEM

♩ = 190

Instrumental

nun - ca ti - ve na - da   com Jo - a - na D'Arc____ Nós
nun - ca ti - ve   na - da, na - da, na - da   com Jo - a - na D'Arc____ Nós

só nos en - con - tra____ mos pra pas - se - ar no par___ que
só nos en - con - tra____ mos pra pas - se - ar no par___ que

E - la me fa - lou____   dos seus di - as de gló___ ria   E do
E - la me fa - lou____ Que an - da - va ou - vin - do vo___ zes Que pra

que não es - tá es - cri____ to lá nos li - vros de his - tó___ ria Que fi -
con - se - guir dor - mir____ sem - pre to - ma - va al - gu - mas do___ ses U - ma

-ca - va ex - ci - ta____ da quan - do pe - ga - va na lan - ça   E
re - de in - ter - na - cio____ nal i - lu - diu a - que - la me - ni - na Pro - me -

do bei - jo que deu____   na ra - i - nha da Fran___ ça   A -
-ten - do a to - do cus____ to trans - for - má - la em he - ro - í___ na   A -

Copyright © 1985 by WARNER CHAPPELL EDIÇÕES MUSICAIS LTDA.
Todos os direitos autorais reservados para todos os países. *All rights reserved.*

-go - ra to - dos pen___ sam que fui eu que a cre-mei___ Mas eu não
-go - ra eu tô en - tre___ gue___ à CI - A e a K G B___ E - les

sou pi - ro - ma - ní___ a co, ju - ro que não sei___
que - rem que eu con - fes - ___ se, mas eu nem sei o quê___

On - tem eu nem a vi___ Sei que eu não te - nho á - li - bi Mas

eu, eu não ma - tei Jo - a - na D'Arc___
Fim

2. Solo de guitarra e baixo

Voz
Ao 𝄋
e 𝄌
Eu

4X
Solo de guitarra

Eu não ma - tei Jo - a - na D'Arc___
Ao 𝄋2
e Fim

Codinome Beija-Flor

CAZUZA, EZEQUIEL NEVES e
REINALDO ARIAS

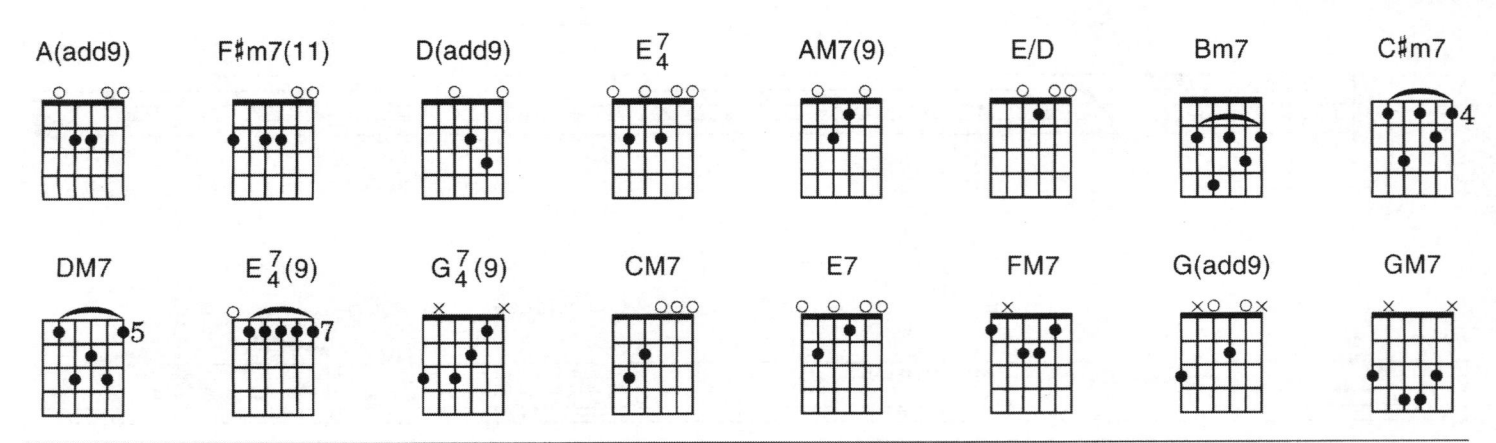

Introdução (2Xs): **A(add9) F#m7(11) D(add9) E7 4**

A(add9)   AM7(9)   A(add9)   AM7(9) A(add9)
   Pra que mentir,   fingir que perdoou
      D(add9)   E/D   F#m7(11)
   Tentar ficar amigos   sem rancor
      D(add9)   E/D   D(add9)   E/D
   A emoção acabou, que coincidência é o amor
Bm7   C#m7   DM7   E74(9)   G74(9)
   A nossa música nunca mais tocou

A(add9)   AM7(9)   A(add9)   AM7(9) A(add9)
   Pra que usar de tanta educação
      D(add9)   E/D   F#m7(11)
   Pra destilar terceiras intenções
      D(add9)   E/D   D(add9)   E/D
   Desperdiçando o meu mel, devagarzinho flor em flor
Bm7   C#m7   DM7   E7 4(9) G74(9)
   Entre os meus inimigos, Beija - Flor

CM7   Bm7   E7 4 E7
   Eu protegi teu nome por amor
FM7   G(add9)   A(add9)
   Em um codino__me Beija-Flor
   CM7   Bm7   E7 4 E7
   Não responda nunca meu amor, nunca
FM7   G(add9)   A(add9)
   Pra qualquer um na rua Beija-Flor

FM7   G/F
   Que só eu que podia
FM7   G/F
   Dentro da tua orelha fria
FM7   G(add9)   A(add9)
   Dizer segredos de liquidificador
   FM7   G/F
   Você sonhava acordada
FM7   G/F
   Um jeito de não sentir dor
FM7   G(add9)   A(add9)
   Prendia o choro e aguava o bom do amor
FM7   GM7   A(add9) F#m7(11) D(add9) A(add9)
   Prendia o choro e aguava o bom do amor

Codinome Beija-Flor

CAZUZA, EZEQUIEL NEVES e
REINALDO ARIAS

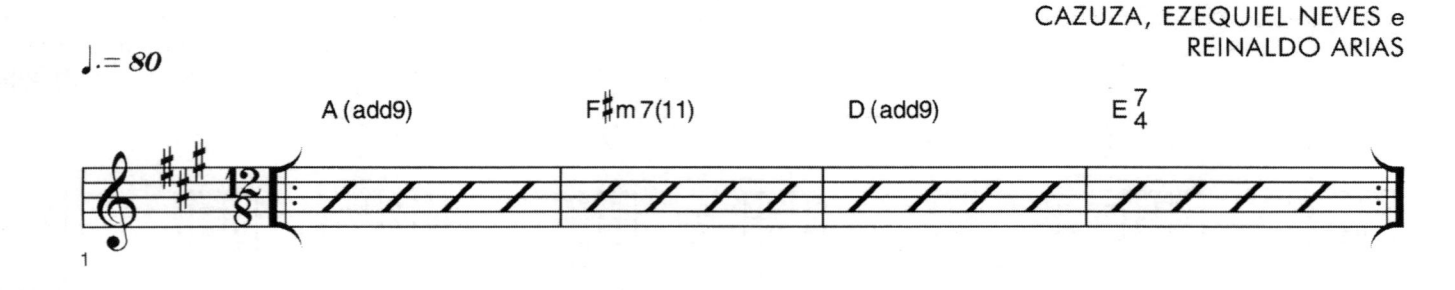

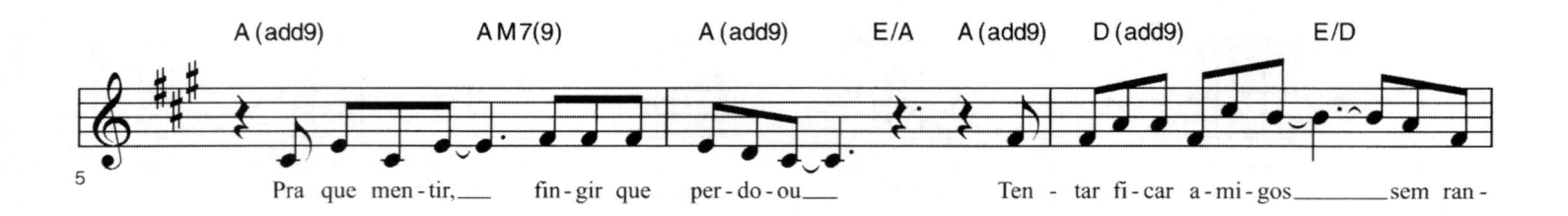

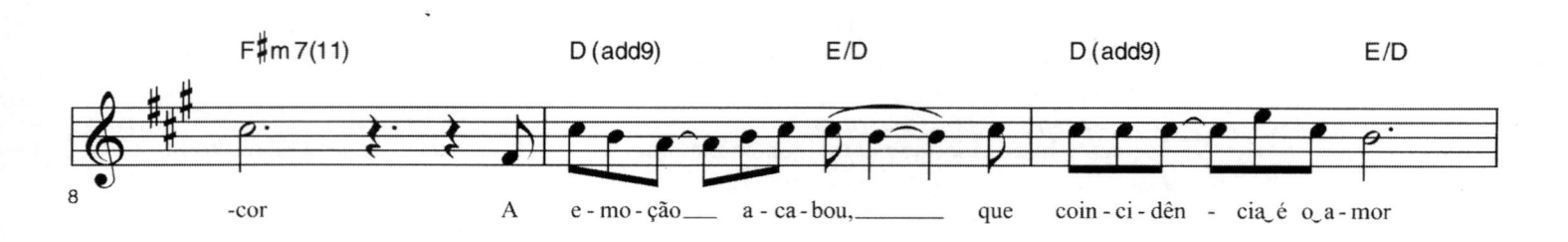

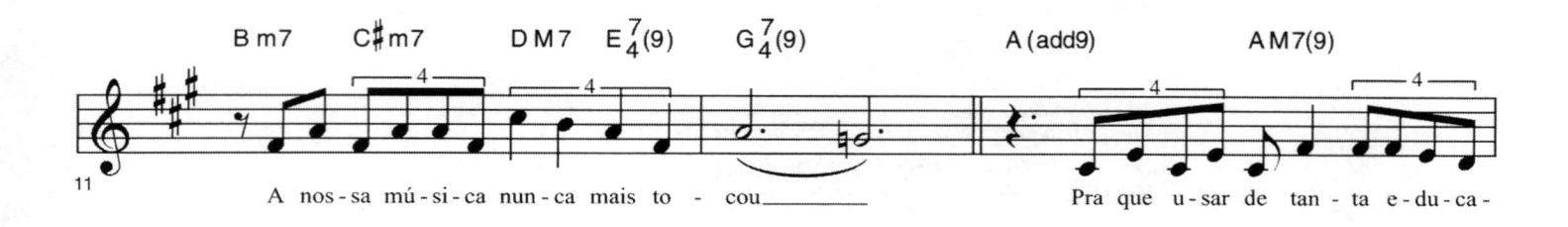

♩.= 80

Pra que mentir,___ fingir que perdoou___ Tentar ficar amigos_____ sem rancor A emoção___ acabou,___ que coincidência é o amor A nossa música nunca mais tocou_____ Pra que usar de tanta educação Pra destilar___ terceiras intenções Desperdiçando o meu mel,___ devagarzinho flor em flor Entre os meus inimigos, Beija-Flor_____

Copyright © by SISTEMA GLOBO DE EDIÇÕES MUSICAIS LTDA.
Copyright © by BMG MUSIC PUBLISHING BRASIL LTDA.
Todos os direitos autorais reservados para todos os países. *All rights reserved.*

Eu pro-te-gi seu no-me por a - mor Em um co-di-no_- me Bei_- ja - Flor____

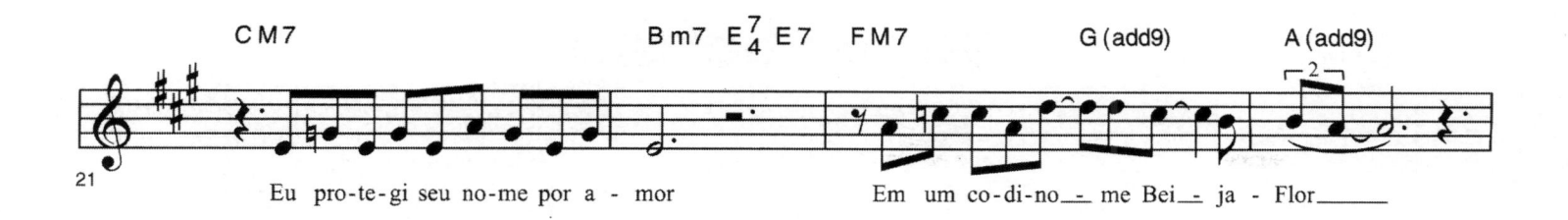

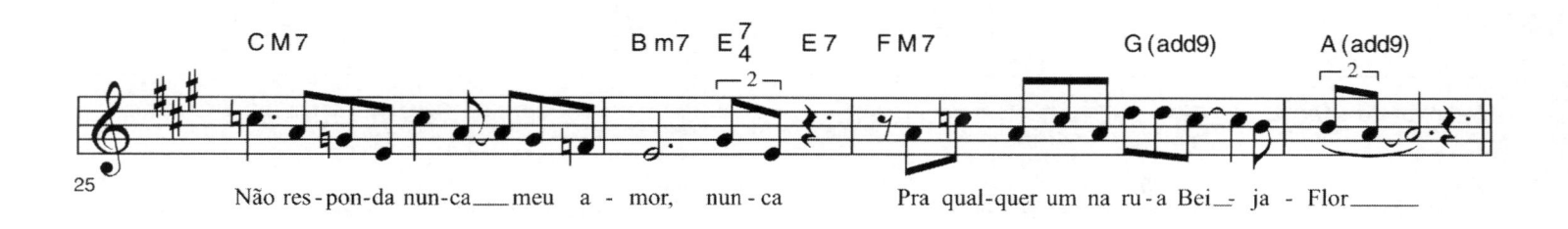

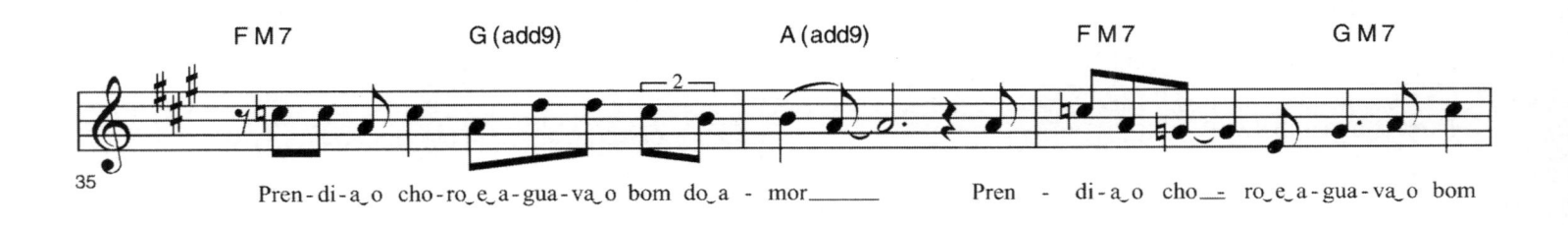

Não res-pon-da nun-ca___meu a - mor, nun - ca Pra qual-quer um na ru-a Bei_- ja-Flor____

Que só eu que po-di - a___ Den-tro da sua_o-re-lha fri - a___ Di-zer se-gre-dos de li-qui-di-fi-ca-

-dor____ Vo - cê so-nha_- va_a-cor-da-da____ Um jei-to de não sen-tir dor____

Pren-di-a_o cho-ro_e_a-gua-va_o bom do_a - mor____ Pren - di-a_o cho_- ro_e_a-gua-va_o bom

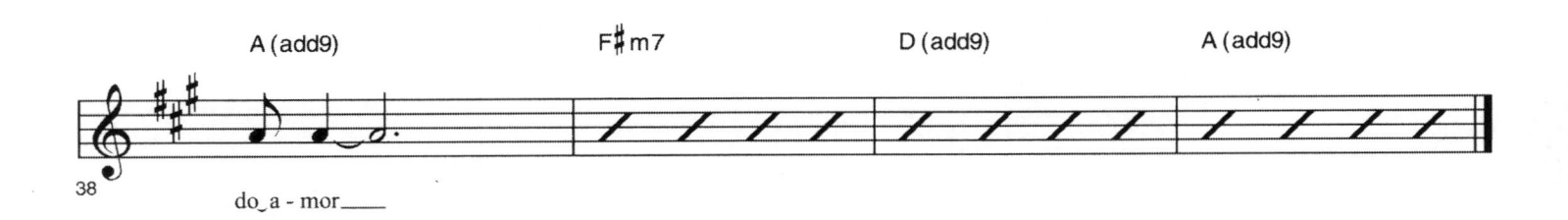

do_a - mor____

Vapor barato

JARDS MACALÉ e
WALY SALOMÃO

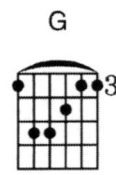

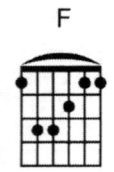

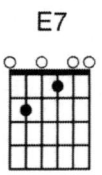

Am   G   F   E7

Introdução: **Am G F E7**

Am
Oh! Sim, eu estou tão cansado, mas pra não dizer
                                    G   **F**
             E7
Que eu não acredito mais em você
Am   **G**
Com minhas calças vermelhas
             F   **E7**
Meu casaco de general cheio de anéis
       Am   **G**
Eu vou descendo por todas as ru_as
    F   **E7**
E vou tomar aquele velho navio
Am   **G**
Eu não preciso de muito dinheiro

Graças a Deus
               F   **E7**
E não me importa, honey

             Am
Oh! Minha honey baby
G   **F**   **E7**
Baby, honey baby
             Am
Oh! Minha honey baby
                      G
Oh! Minha honey baby, ba_by, baby, baby
               F   **E7**
Honey, honey baby

Am   **G**   **F**
Oh! Sim, eu estou tão cansado, mas pra não dizer
          E7
Que eu tô indo embora
     Am   **G**
Talvez eu volte, um dia eu volto, quem sabe?
                      F
Mas eu preciso esquecê-la
E7
Eu preciso
                            Am
Oh! Minha, minha, minha gran_de
                G
Oh! Minha pequena
F   **E7**
Oh! Minha grande obsessão

                     Am **G**
Oh! Minha honey baby, baby
     F   **E7**
Honey ba_by
                            Am
Oh! Minha honey, honey ba_by
                                  G
Oh! Baby, baby, baby, honey baby, baby
                       F   **E7**
Honey, honey, honey baby

Oh! Sim eu estou tão cansado (*etc.*)

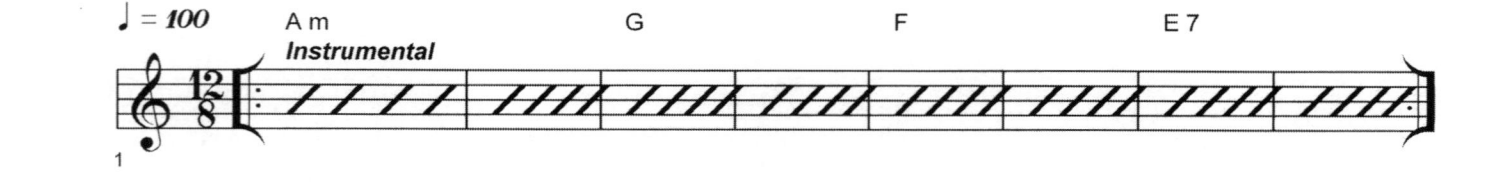

♩ = 100

Instrumental: Am G F E7

Voz: Oh! Sim, eu es-tou tão can-sa-do, mas não pra di-zer

Copyright © 1971 by GAPA/WARNER CHAPPELL EDIÇÕES MUSICAIS LTDA.
Todos os direitos autorais reservados para todos os países. *All rights reserved.*

Que eu não a-cre-di-to mais em vo-cê Com mi-nhas cal-ças ver-me-lhas Meu ca-sa-co de ge-ne-ral chei-o de a-néis Vou des-cen-do por to-das as ru- -as E vou to-mar a-que-le ve-lho na-vio Eu não pre-ci-so de mui-to di-nhei-ro Gra-ças a Deus E não me_im-por-ta ho-ney Oh! Mi-nha ho- ney ba- by Ba- by, ho-ney ba-by Oh! Mi-nha ho- ney ba- by Oh! Mi-nha ho-ney ba- by, ba- by, ba- by, ba- by

117

Ho - ney, ho - ney ba - by___ Oh! Sim, eu es-tou___ tão can-sa-do, mas não___ pra di - zer Que eu tô in-do em-bo - ra Tal--vez eu vol - te, um di - a eu vol - to, quem sa___ - Mas eu pre-ci-so es-que-cê - la___ Eu pre-ci - so Oh! Mi - nha, mi - nha, mi - nha gran___ - -de___ Oh! Mi-nha pe-que-na___ Oh! Mi-nha gran - de___ o - b-ses-são___ Oh! Mi-nha ho - ney ba - by,___ ba - by___ Ho-ney ba - by___ Oh! Mi-nha ho - ney,___ ho-ney ba - by___ Oh! Ba-by, ba-by, ba-by, ho-ney ba - by, ba - by Ho-ney, ho-ney, ho-ney ba - by___

Ao 𝄋

Doce vampiro

RITA LEE

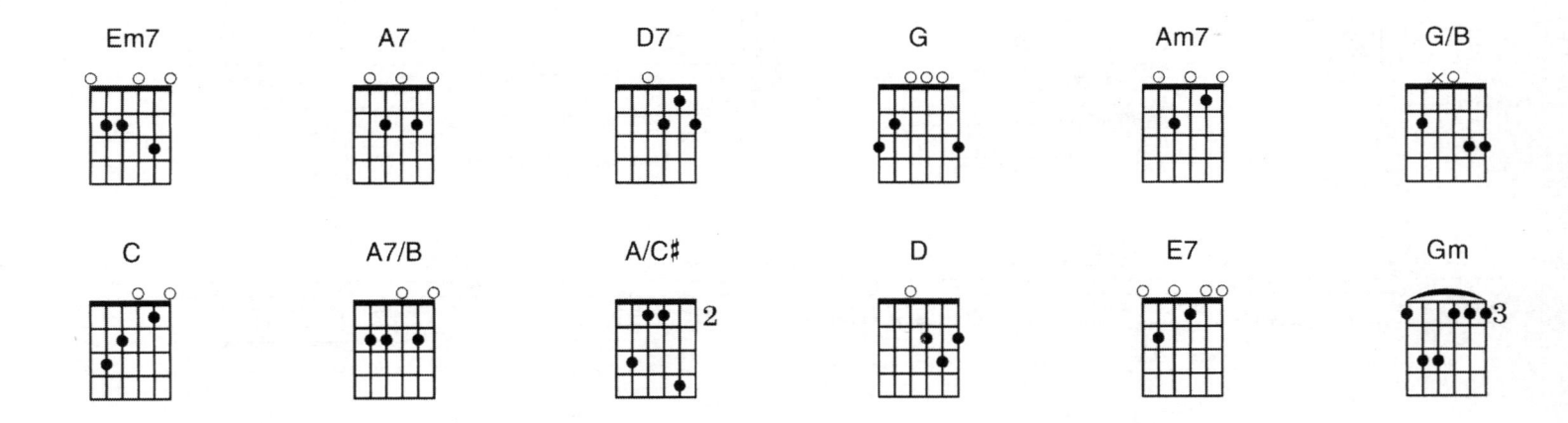

```
         Em7                 A7
Venha me beijar, meu doce vampiro
 Em7         A7
Ô, na luz do luar
 D7         G            Am7 G/B   C             G
Ah! Venha sugar o calor de dentro do meu sangue vermelho
   Am7 G/B    C          A7
Tão vivo, tão eter_no veneno
      A7/B   A/C# D  E7           A7  G    Gm   D
Que mata a su_a  sede, que me bebe quen_te  como um licor
         E7    A7          Em7
Brindando a morte  e fazendo amor


            A7
Meu doce vampiro
 Em7         A7
Ô, na luz do luar
 D7          G              Am7 G/B C          G
Ah! Me acostumei com você sempre reclamando da vida
   Am7 G/B       C         A7
Me ferindo, me curan_do a ferida
      A7/B    A/C# D  E7          A7   G   Gm    D
Mas nada dis_so importa,  vou abrir a por_ta  pra você entrar
          E7   A7           Em7
Beija minha boca  até me matar
```

Meu doce vampiro (*etc.*)
...vou abrir a porta pra você entrar

```
          E7   A7         G  Gm    D
Beija minha boca  até me matar    de amor
```

Instrumental: **Em7 A7** *(fade out)*

Doce vampiro

RITA LEE

♩ = 130

Ve - nha me bei - jar, _____ meu do - ce vam - pi - ro _____
Meu do - ce vam - pi - ro _____

Ô, _____ na luz do lu - ar _____ Ah! _____
Ô, _____ na luz do lu - ar _____ Ah! _____

Ve - nha su - gar o ca - lor _____ de den - tro do meu san - gue
Me_a - cus - tu - mei com vo - cê _____ sem - pre re - cla - man - do

ver - me - lho _____ Tão vi - vo, tão e - ter - no ve - ne - no Que
da vi - da _____ Me fe - rin - do, me cu - ran - do a fe - ri - da Mas

ma - ta_a su - a se - de, _____ que me be - be quen - te _____
na - da dis - so_im - por - ta, _____ vou a - brir a por - ta _____

co - mo um li - cor _____ Brin - dan - do a mor - te e fa - zen - do_a - mor _____
vo - cê en - trar _____ Bei - ja_a mi - nha bo - ca a - té me ma - tar _____

de_a - mor

Fade out

Copyright © 1979 by WARNER CHAPPELL EDIÇÕES MUSICAIS LTDA.
Todos os direitos autorais reservados para todos os países. *All rights reserved.*

A cidade

CHICO SCIENCE

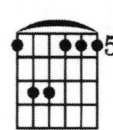

Am   D7

Instrumental (4Xs): **Am   D7**

   Am
O sol nasce e ilumina pedras evoluídas
                          D7
Que cresceram com a força de pedreiros suicidas
  Am
Cavaleiros circulam vigiando as pessoas

Não importam se são ruins
  D7
Nem importam se são boas
  Am
E a cidade se apresenta o centro das atenções
                   D7
Para mendigos ou ricos e outras armações
  Am
Coletivos e automóveis, motos e metrôs
                  D7
Trabalhadores, patrões, policiais, camelôs

  Am
A cidade não pára, a cidade só cresce
           D7
O de cima sobe e o debaixo desce
Am
A cidade não pára, a cidade só cresce
           D7
O de cima sobe e o debaixo desce

Instrumental: **Am   D7**

  Am
A cidade se encontra prostituída
                   D7
Por aqueles que a usaram em busca de saída

  Am
Ilusora de pessoas de outros lugares
               D7
A cidade, sua forma, vai além dos mares
             Am
No meio da incerteza internacional
               D7
A cidade até que não está tão mal
         Am
E situação sempre mais ou menos
               D7
Sempre uns com mais e outros com menos

A cidade não pára, a cidade só cresce (*etc.*)

Solo de guitarra: **Am   D7**

Duas vezes:
       Am
Eu vou fazer uma embolada

Um samba, um maracatu
                      D7
Tudo bem envenenado, bom pra mim e bom pra tu
             Am   **D7**
Pra gente sair da lama e enfrentar os urubu

         Am
Num dia de sol, Recife acordou
                     D7   **Am**
Com a mesma preventiva do dia anterior

A cidade não pára, a cidade só cresce (*etc.*)

A cidade

CHICO SCIENCE

♩ = 170

(Instrumental) Am / D7 / D7

Voz:

O sol nasce e ilumina pedras evoluídas
Que cresceram com a força de pedreiros suicidas
Cavaleiros circulam vigiando as pessoas
Não importam se são ruins
Nem importam se são boas
E a cidade se apresenta o centro das atenções
Para mendigos ou ricos e outras armações
Coletivos, automóveis, motos e metrôs
Trabalhadores, patrões, policiais, camelôs
A cidade não pára, a cidade só cresce
O de cima sobe e o de baixo desce
A ci-

Copyright © 1993 by SONY MUSIC EDIÇÕES MUSICAIS LTDA.
Todos os direitos autorais reservados para todos os países. *All rights reserved.*

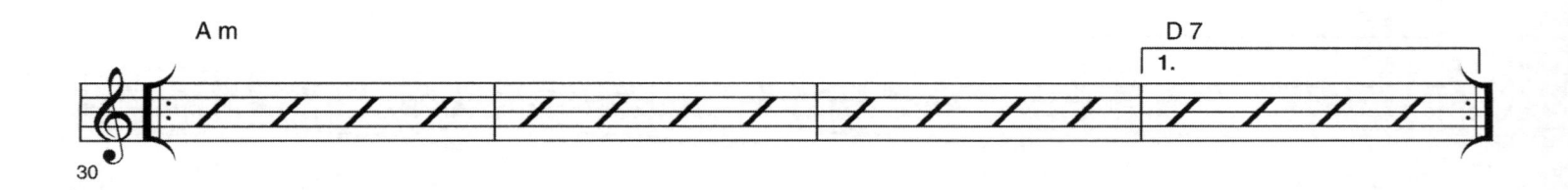

Am		D7	

-da-de não pá-ra, a ci-da-de só cres-ce O de ci-ma so-be e o de-bai-xo des-ce

Am ... D7 [1.]

[2.] D7 Am

A ci-da-de se en-con-tra pros-ti-tu-í-da Por a-que-les que a u-sa-ram em bus-ca

D7 Am

de sa-í-da I-lu-so-ra de pes-so-as de ou-tros lu-ga-res A ci-

D7 Am

-da-de, su-a for-ma, vai a-lém dos ma-res No mei-o da in-cer-te-za in-ter-na-cio-nal A ci-

D7 Am

-da-de a té que não es-tá tão mal E a si-tu-a-ção sem-pre

D7

mais ou me-nos sem-pre uns com mais e ou-tros com me-nos A ci-

Ao %
e

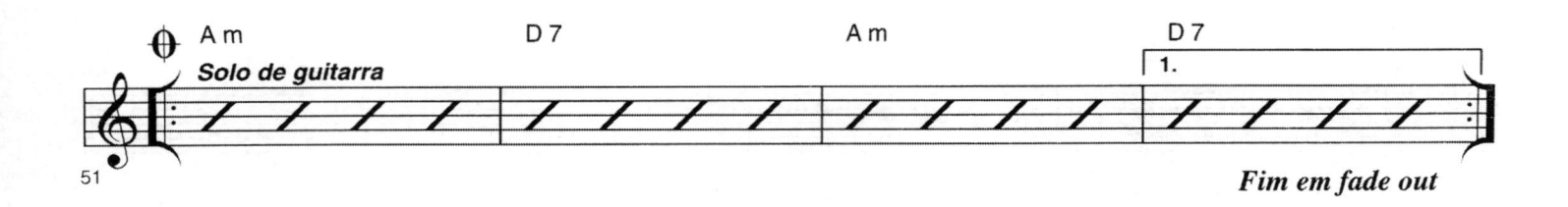

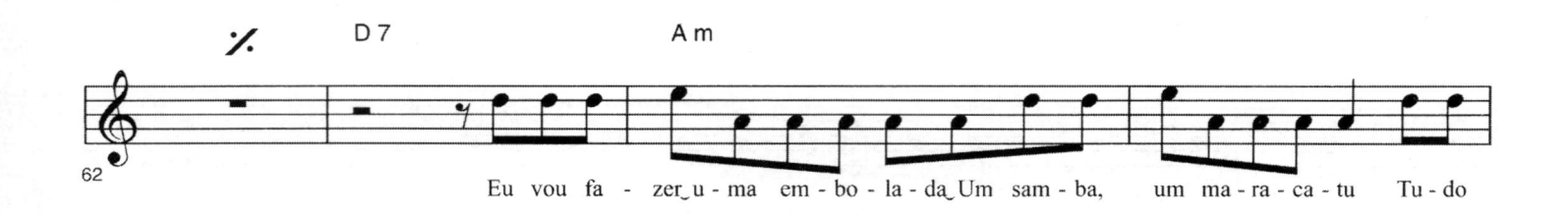

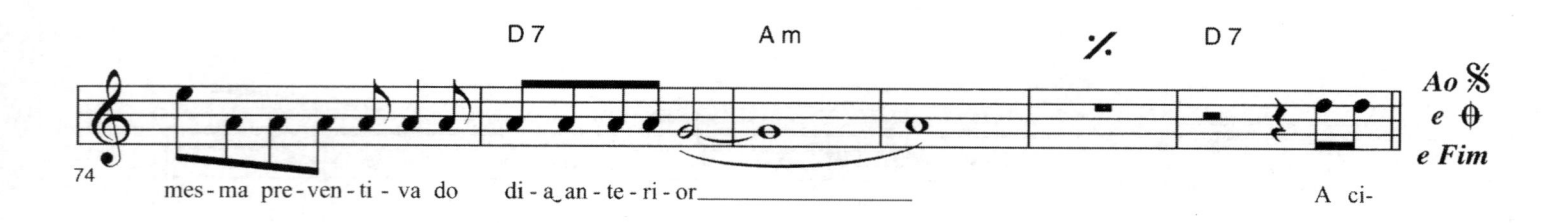

Solo de guitarra (Am / D7 / Am / D7) — *Fim em fade out*

Eu vou fazer uma embolada, um samba, um maracatu
Tudo bem envenenado, bom pra mim e bom pra tu
Pra gente sair da lama e enfrentar os urubu

Eu vou fazer uma embolada, um samba, um maracatu
Tudo bem envenenado, bom pra mim e bom pra tu
Pra gente sair da lama e enfrentar os urubu

Num dia de sol, Recife acordou
Com a mesma preventiva do dia anterior

A ci-

*Ao %
e ⊕
e Fim*

Lilás

DJAVAN

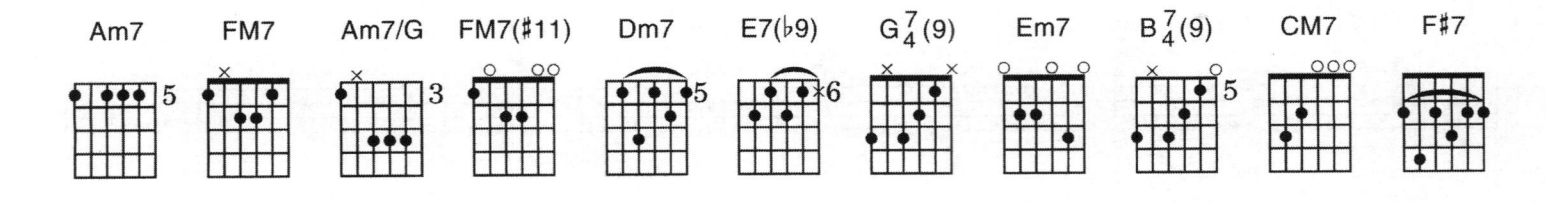

Am7 FM7 Am7/G FM7(#11) Dm7 E7(b9) G7/4(9) Em7 B7/4(9) CM7 F#7

Introdução (4Xs): **Am7 FM7**

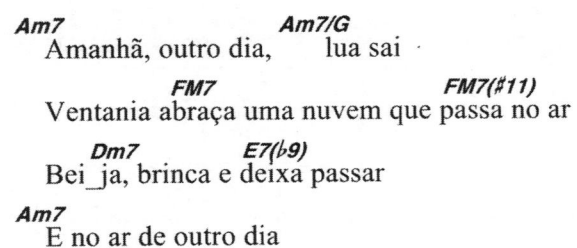

Am7   **Am7/G**
  Amanhã, outro dia,   lua sai
     FM7   **FM7(#11)**
  Ventania abraça uma nuvem que passa no ar
    Dm7   **E7(b9)**
  Bei_ja, brinca e deixa passar
Am7
  E no ar de outro dia
Am7/G   **FM7**   **FM7(#11)**
  Meu olhar surgia nas pontas de estrelas perdidas no mar
    Dm7   **G7 4(9)**
  Pra   chover de emoção, trovejar
       Am7 **Am7/G FM7**   **Em7**
  Raio se li_bertou, clareou muito mais
       Am7 **Am7/G FM7**
  Se en_cantou pela cor lilás
  Em7   **Am7**   **B74(9)**
  Prata na luz do amor, céu azul

Duas vezes:
                    CM7
  Eu quero ver o por do sol
  Em7   **CM7**
  Lindo como e_le só
  Em7   **F#7**
  E gente pra ver e viajar
         Am7   **Em7**
  No   seu mar de raio

Instrumental (2Xs): **Em7 CM7 FM7 Em7**

Amanhã, outro dia, lua sai *(etc.)*

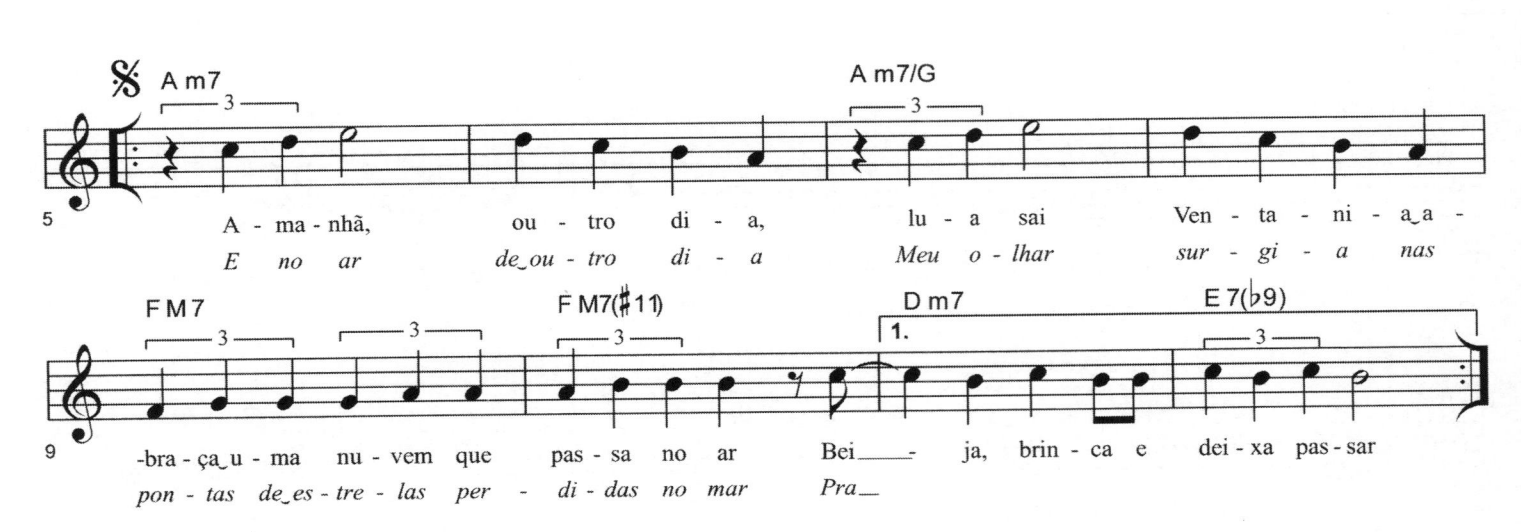

D m7 G 7 4(9) A m7 A m7/G F M7 E m7
2.
cho - ver de e - mo - ção, tro - ve - jar Rai - o se li - ber - tou, cla - re - ou mui - to mais Se en -
A m7 A m7/G F M7 E m7 A m7 B 7 4(9)
-can - tou pe - la cor li - lás Pra - ta na luz do a - mor, céu a - zul Eu que - ro ver o
C M7 E m7 C M7 E m7
por do sol Lin - do co - mo e - le só E gen - te pra ver e
F♯7 A m7 E m7
1.
vi - a - jar No seu mar de raio Eu que - ro ver o
E m7 C M7 F M7
2.
Instrumental
E m7 E m7
1. 2.
Ao 𝄋 e ⊕
⊕ E m7 C M7 E m7 C M7
Eu que - ro ver o por do sol Lin - do co - mo e - le só
E m7 F♯7 A m7 E m7
E gen - te pra ver e vi - a - jar No seu mar de raio eu que - ro ver o
Fade out

Zoio de lula

CHORÃO, MARCÃO,
THIAGO e PELADO

[Chord diagrams: C#m, G#m, B, E]

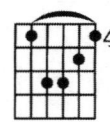

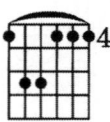

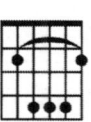

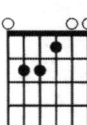

Introdução (4Xs): **C#m G#m C#m G#m**

    C#m
Tirou a roupa, entrou no mar
     G#m
Pensei: meu Deus que bom que fosse
C#m   **G#m**
Tu me apresenta essa mulher
            C#m
Meu irmão te dava até um doce
     G#m
Sem roupa ela é demais
    C#m
Também por isso eu creio em Deus
     G#m
Meu bom meu Deus meu bom me traz

    C#m   **G#m**
Ainda bem que eu trouxe até meu guarda sol
C#m   **G#m**
Tenho toda tarde, tenho a vida inteira
   C#m   **G#m**
Já sei foi aquele tempo da ladeira, irmão
   C#m   **G#m**
Já sei foi aquele tempo da ladeira, irmão

    C#m
Meu escritório é na praia
   B
Eu tô sem_pre na área
    C#m   **B**
Mas eu não sou da tua laia não
    C#m
Meu escritório é na praia
   B
Eu tô sem_pre na área
    C#m   **B**
Mas eu não sou da tua laia não, então

 C#m   **E**
Deixe viver, deixe ficar
 C#m   **B**
Deixe estar como está

 C#m   **E**
Deixe viver, deixe ficar
 C#m   **B**
Deixe estar como está, hei!

   C#m
Meu Deus me dê um motivo
   G#m
Pois eu pago tanto mico
C#m   **G#m**
Ela me ignora na esperança ainda fico
   C#m   **G#m**
Eu tô fritando aqui, eu vou entregar não aguento mais
  C#m   **G#m**
Mas se eu não falar hoje talvez nunca a veja mais pois

C#m   **G#m**
O dia passa horas se estendem
    C#m   **G#m**
As pessoas ao redor nunca me entendem
C#m   **G#m**
O dia passa horas se estendem
    C#m   **G#m**
As pessoas ao redor nunca me entendem, então

4 vezes:
   Deixe viver deixe ficar
   Deixe estar como está

Solo de guitarra (4Xs): **C#m G#m C#m G#m**

2 vezes, N.C.
   O dia passa horas se estendem
   As pessoas ao redor nunca me entendem

   Tirou a roupa entrou no mar...
   ...Mas eu não sou da tua laia não então

4 vezes
   Deixe viver deixe ficar
   Deixe estar como está

C#m   **G#m C#m G#m C#m G#m**
   Aiê! Aiê!

Zoio de Lula

CHORÃO, MARCÃO, THIAGO e PELADO

♩ = 76

Tirou a roupa, entrou no mar Pensei meu Deus que bom que fosse Tu me apresentasse a mulher Meu irmão te dava até um doce Sem roupa ela é demais Também por isso eu creio em Deus Meu bom meu Deus meu bom me traz Ainda bem que eu trouxe até meu guarda sol Tenho toda tarde, tenho a vida inteira Já se foi aquele tempo da ladeira irmão Já se foi aquele tempo da ladeira irmão Meu escritório é na praia Eu tô sempre na área Mas eu não sou da tua laia não Meu escritório é na praia Eu tô sempre na área Mas eu não sou daquela laia não, então

Copyright © 1999 by EDIÇÕES MUSICAIS TAPAJÓS LTDA.
Todos os direitos autorais reservados para todos os países. *All rights reserved.*

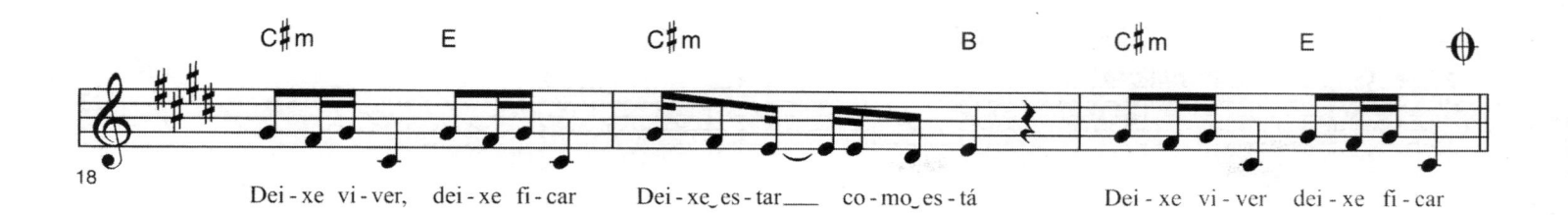

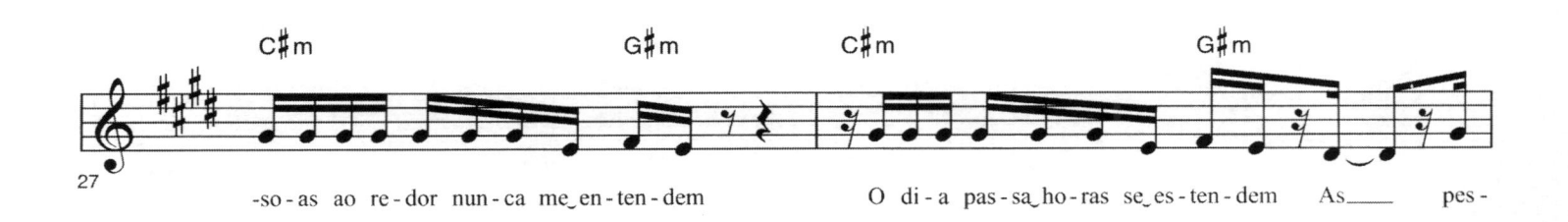

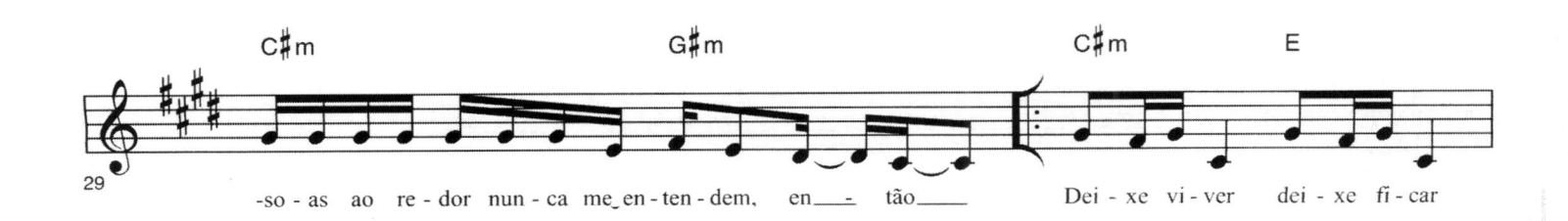

Deixe viver, deixe ficar, deixe estar como está
Deixe viver deixe ficar
Deixe estar como está, hei! Meu Deus me dê um motivo
Pois eu pago tanto mico
Ela me ignora na esperança ainda fico
Eu tô fritando aqui, eu vou entregar não aguento mais
Mas se eu não falar hoje talvez nunca a veja mais pois
O dia passa horas se estendem
As pessoas ao redor nunca me entendem
O dia passa horas se estendem
As pessoas ao redor nunca me entendem, então
Deixe viver deixe ficar
Deixe estar como está
Deixe viver deixe ficar
Deixe estar como está

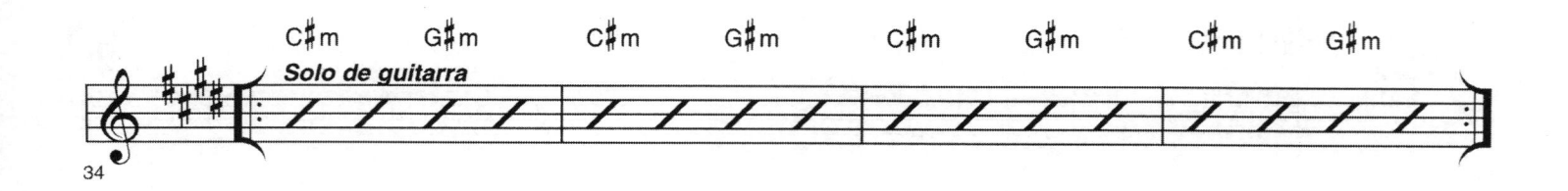

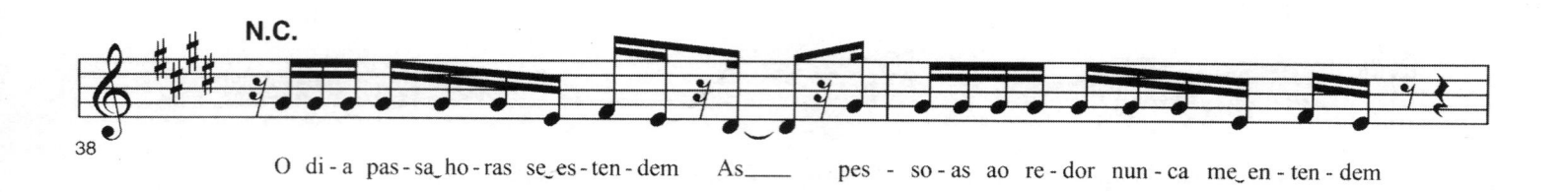

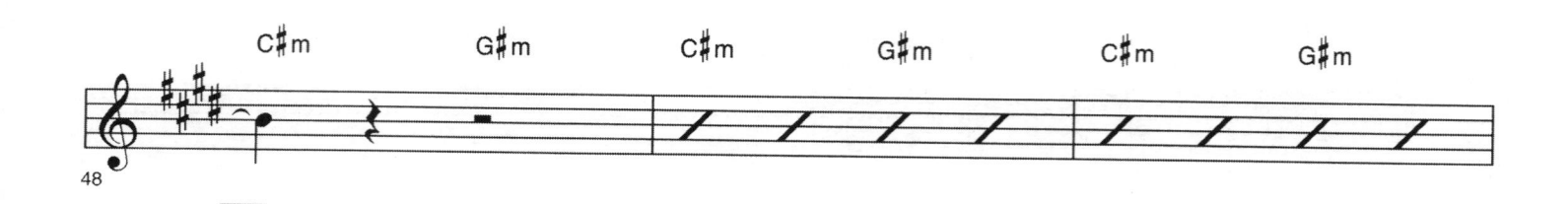

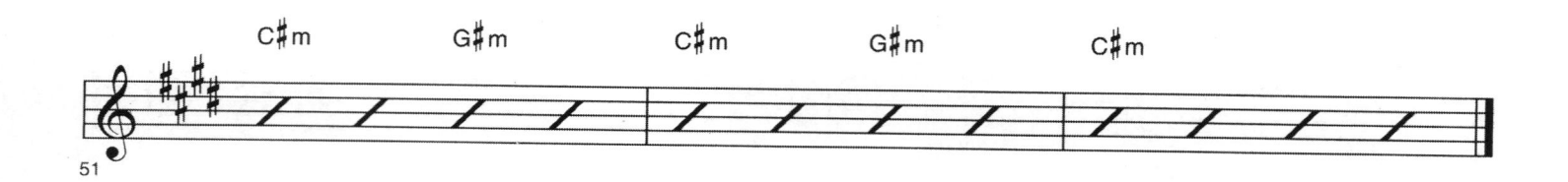

Solo de guitarra

O dia passa, horas se estendem
As pessoas ao redor nunca me entendem

O dia passa, horas se estendem
As pessoas ao redor nunca me entendem
Tirou a

Deixe estar como está
Deixe viver, deixe ficar
Deixe estar como está

Deixe viver, deixe ficar
Deixe estar como está
Ai - ê!
Ai - ê!